MURENSIA 11

AF537949

Murensia

Schriftenreihe der Stiftung
«Geschichte Kloster Muri»

Charlotte Gutscher-Schmid

# Zwei spätgotische Flügelaltäre im Benediktinerkollegium Sarnen

## Befunde und Thesen

Murensia 11

Umschlagbild: Dreikönigsaltar, um 1460/70, linker Flügel, Benediktinerkollegium Sarnen, Foto: Christine Seiler.
Gestaltung: Thea Sautter, Zürich


ISBN 978-3-0340-1759-6

# Inhalt

**ABB. 1:** Festtagsseite des Dreikönigsaltars in der Benediktskapelle der Kollegiumskirche in Sarnen. Vom ursprünglichen Bestand haben sich nur die gemalten Teile erhalten (Foto: Christine Seiler).

**ABB. 2:** Vermutlich zierte das in Hermetschwil erhaltene Gemälde mit dem Marientod als Predella einst den Unterbau des Dreikönigsaltars (Foto: Susanne Ritter-Lutz).

# Ein vergessener Schatz

Aus einer grösseren Gruppe von spätgotischen Malereien, die sich im Benediktinerkollegium Sarnen erhalten haben,[1] werden in dieser Arbeit zwei Ensembles vorgestellt. Sie zeigen eindeutige Werkstattgemeinsamkeiten und entstammen der Zeit um 1470. Es gibt keine Schriftquellen zu ihrer Entstehung oder ihrer Aufbewahrung bis 1841, als sie als einzelne Tafeln des Kunstkabinetts des Klosters Muri verzeichnet wurden.[2]

Besprochen wird einerseits ein Altarretabel mit gemalter Mitteltafel und zwei doppelseitig bemalten Flügeln, in dessen Zentrum eine Anbetung der Könige steht (Abb. 1, 3). Vermutlich gehörte eine Predella mit der Darstellung des Todes Marias, die sich im Benediktinerinnenkloster Hermetschwil befindet, ebenfalls zu diesem Ensemble (Abb. 2). Vom anderen Retabel haben sich nur die beiden doppelseitig bemalten Flügel erhalten, mit Marienszenen auf den Innen- und stehenden Heiligen auf den Aussenseiten (Abb. 4–7).

Wie kam es zu dieser Sammlung in Sarnen? 1841 wurde das Kloster Muri – wie alle anderen Klöster im revolutionären Kanton Aargau – aufgehoben. Die Benediktiner aus Muri fanden im gleichen Jahr Aufnahme in Sarnen, wo der amtierende Abt Adalbert Regli (1800–1881) die Leitung des Kollegiums übernahm. Ab 1845 residierte der ehemalige Abt von Muri dann in Gries bei Bozen: Aus Pietät gegenüber der ursprünglich habsburgischen Stiftung des Klosters Muri im Jahr 1027 hatte das österreichische Kaiserhaus dem Abt und Konvent von Muri das dortige, damals weitgehend unbenutzte Augustinerkloster zur Verfügung gestellt.[3]

Die hier behandelten Gemälde gelangten bei der Aufhebung des Klosters 1841 direkt ins Benediktinerkollegium Sarnen. Die Bestände des Kunstkabinetts Muri hatte Pater Leodegar Kretz (1805–1881)[4] im gleichen Jahr aufgenommen (Abb. 14).[5] Der heutige Bestand in Muri ist umso bedeutender, als die Kenntnis der schweizerischen Malerei nach dem zur Zeit des Basler Konzils tätigen Konrad Witz (gestorben um 1446) und vor den sogenannten schweizerischen Nelkenmeistern

1 Germann, Muri, S. 440–442.

2 Kretz, Katalog Kunstkabinett, StiAMG Sarnen, Altes Archiv 1, Supplementum X.55.

3 Germann, Muri, S. 212 und zu den abgewanderten Kunstwerken ausführlich S. 416–452.

4 Professbuch des Klosters Muri-Gries, www.muri-gries.ch/mediawiki/index.php?title=Leodegar_Kretz, 13. 10. 2023.

5 Kretz, Katalog Kunstkabinett.

**ABB. 3:** Auf dem Dreikönigsaltar sind bei geschlossenen Flügeln stehende Heilige dargestellt: Petrus, Paulus, Johannes der Evangelist und Johannes der Täufer (Foto: Christine Seiler).

**ABB. 4:** Von einem zweiten Altar derselben Werkstatt, hier Marienaltar genannt, haben sich im Benediktinerkollegium in Sarnen die beiden Flügel erhalten. Die goldgrundigen Innenseiten zeigen Marienszenen, hier die Verkündigung der Geburt Christi durch den Erzengel Gabriel (Foto: Peter Daldos).

**ABB. 5:** Marienaltar: Auf dem Gegenbild beten Maria und Joseph das neugeborene, in einer Ruine auf dem Boden liegende Kind an (Foto: Peter Daldos).

**ABB. 6:** Marienaltar: Auf der Rückseite der Verkündigung sind zwei stehende Heilige zu sehen, links Georg, den Drachen erstechend, rechts der Märtyrer Laurentius (Foto: Peter Daldos).

**ABB. 7:** Marienaltar: Zwei heilige Jungfrauen ergänzen die Ikonografie, links Margaretha mit dem Drachen, rechts Katharina mit Schwert und Rad (Foto: Peter Daldos).

ab 1480 sehr lückenhaft ist.[6] Grosse Verluste gehen auf die Bildzerstörung der Reformationszeit zurück, doch trug auch der Geschmackswandel dazu bei: In katholischen Orten wurden die «altmodischen» Altargemälde im Zuge der Gegenreformation vielfach durch neue Schöpfungen ersetzt.

Zwar erscheinen in Schriftquellen dieser Zeitspanne vermehrt die Namen von Malern und deren Werkstätten, doch ist es kaum je möglich, sie mit erhaltenen Gemälden zu verbinden, weil diese in unserem Raum bis um 1500 nicht signiert wurden. In den grösseren städtischen Werkstätten der zweiten Hälfte des 15. Jahrhunderts arbeiteten stets mehrere Maler – neben dem Meister auch erfahrene Gesellen, denen das Geld fehlte, sich selbständig zu machen, oder lernende Gehilfen. Die Werkstattinhaber glichen eher Unternehmern, die für Budgetierung, Abwicklung, Beschaffung und korrekte Einhaltung der festgelegten Materialien oder Termine verantwortlich waren. Die Mitarbeitenden mussten ihren Arbeitsort nicht nur während der Ausbildungsjahre, sondern auch später aus wirtschaftlichen Gründen mehrmals wechseln: War ein grösserer Auftrag abgeschlossen, konnte der Werkstattleiter die ehemaligen Mitarbeitenden vielfach nicht mehr beschäftigen.

Die spätmittelalterlichen Retabel wie diejenigen in Sarnen sind deshalb das Werk mehrerer künstlerischer Kräfte mit unterschiedlichen Fähigkeiten. Die Maler waren in erster Linie gute Handwerker. So war es – wie wir sehen werden – selbstverständlich, dass in den Werkstätten nach Vorlagen gearbeitet wurde. Damit bewiesen die Maler ihre Bildung und kamen – insbesondere bei biblischen Szenen und Bildern von Heiligen – auch der religiösen «Wahrheit» näher.

6 Zu den schweizerischen Nelkenmeistern siehe Gutscher/Villiger, Nelke; Gutscher, Nelken statt Namen, und Gerster, Zürcher Nelkenmeister.

# Fehlende Forschung seit 1930

Bedenkt man die genannte Bedeutung der in Sarnen erhaltenen Gemäldegruppe, erstaunt es, dass sie in der wissenschaftlichen Forschung seit 1930 vergessen gingen. Als Robert Durrer (1867–1934) das Inventar der Kunstdenkmäler des Kantons Unterwalden erstellte und ab 1899 in Teilbeiträgen sowie 1928 in einem umfangreichen, den ganzen Kanton umfassenden Band publizierte, stellte er auch erstmals die grosse Gruppe von Gemälden im Kollegium Sarnen vor, wissend, dass sie aus dem Kloster Muri hierhin gelangt war.[7] Auf Durrers Angaben stützte sich 1967 Georg Germann im Kunstdenkmälerband zum Bezirk Muri im Zusammenhang mit den aus Muri abgewanderten Kunstwerken. Germann kannte das Inventar des Kunstkabinetts Muri von Leodegar Kretz, und trotz aller Knappheit sind seine Angaben bis heute weitgehend gültig.[8]

Die schwarz-weissen Abbildungen im Kunstdenkmälerband Durrers 1928 rückten die Werke ein erstes und einziges Mal ins Blickfeld von Forschenden. Es waren dies zwei Männer, deren Ansatz unterschiedlich war. Noch im Jahr der Erstveröffentlichung befasste sich der bedeutende Kunsthistoriker und Freund Robert Durrers, Walter Hugelshofer (1899–1987), mit der Sarner Gruppe. Dabei verfolgte er aber etwas zu deutlich das Ziel, eine – bis heute weitgehend unbekannte – spätmittelalterliche Luzerner Maltradition zu etablieren. Er vermutete, dass alle in Sarnen versammelten Werke aus verschiedenen Innerschweizer Kirchen stammten, die dem Kloster Muri unterstanden.[9]

Ihm trat der zweite in der Forschungsgeschichte massgebliche Mann, Pater Alban Stöckli (1888–1964), wenige Jahre später entgegen. Er war überzeugt, dass das Hauptwerk, der «Dreikönigsaltar» und die zugehörige Predella (heute in Hermetschwil), aus Rheinfelden stammte[10] und alle anderen im Sarner Kollegium erhaltenen Werke für die Stadt Bremgarten geschaffen worden waren.[11] Als Geistlicher war Pater Alban Stöckli ein ausgezeichneter Kenner der Ikonografie, und die – nicht selten etwas zurechtgebogenen – Übereinstimmungen der Patrozinien mit den dargestellten Heiligen prägten seine Zuschreibungen. Interessanterweise wurden seine «Beweise» der Rheinfelder Herkunft (siehe unten) auch in späterer

7 Durrer, Obwalden, S. 701–703, Taf. XLVII–LI.
8 Germann, Muri, S. 440 f.
9 Hugelshofer, Maler, besonders S. 80.
10 Stöckli, Herkunft; Stöckli, Dreikönigsbilder; Stöckli, Altartafeln.
11 Stöckli, Altartafeln.

Zeit nie infrage gestellt. Im Gegenteil: Mit der Aufnahme seiner Zuschreibung 1955 in das monumentale und umfassende Werk von Alfred Stange (Deutsche Malerei der Gotik, Bd. 7) und der Bezeichnung des Malers des Dreikönigsaltars als «Meister des Rheinfelder Altares» war dessen Identität besiegelt. Auch wenn Stange von ihnen als einer Gruppe von Bildern, «die bislang noch keinen rechten Platz in der Geschichte der schweizerischen Malerei gefunden haben»,[12] sprach, stellte er doch eine «Werkstatt des Rheinfeldener Altars»[13] zusammen. Dieser Gruppe schrieb er in einem letzten Kapitel zur schweizerischen Malerei vor 1500 zahlreiche schwer einzuordnende Gemälde zu. Auch alle Gemälde in Sarnen, die schon unter sich eindeutig unterschiedlichen Maltraditionen verpflichtet sind und in einer Zeitspanne von etwa dreissig Jahren entstanden sein müssen, fallen in diese Werkgruppe. Diese Einordnung führte dazu, dass im «Kritischen Verzeichnis» von 1970 zwei «Werkstätten des Rheinfeldener Altars» gebildet werden mussten.[14] Eine kunsthistorische Analyse hätte die ganze Theorie leicht zu Fall bringen können. In diese Richtung zielte die Neuauflage des «Kritischen Verzeichnisses» von Bernd Konrad in einer DVD von 2009, die jedoch von der Forschung nicht rezipiert wurde.[15]
Da es Georg Germann im vorgegebenen Rahmen nicht möglich war, stilistisch auf die Werkgruppe einzugehen,[16] fehlen also seit 1930 jegliche kunsthistorischen Forschungen zu den Sarner Tafelgemälden.

12 Stange, Malerei, S. 88–90.

13 Ebd., S. 88.

14 Stange/Lieb, Verzeichnis, S. 88 f.

15 Konrad/Stange, Tafelbilder, 0391_1 bis 0391_8 (Dreikönigsaltar), 0391_9 (Predella Hermetschwil), 392_1 bis 392_5 (Marienaltar).

16 Germann verwarf die Zugehörigkeit der Hermetschwiler Predella zum «Rheinfeldener Altar»: Germann, Muri, S. 440 f., Anm. 4.

# Die zwei spätgotischen Flügelaltäre

## Der Dreikönigsaltar und die Predella in Hermetschwil

Der erhaltene Flügelaltar (auch: Retabel), für den sich der Name «Dreikönigsaltar» eingebürgert hat, besteht im heutigen Zustand ausschliesslich aus Tafelbildern.[17] Auch wenn wohl einst seine Rahmung mit einem Gesprenge weit nach oben ausgriff und plastische dekorative Elemente als Schleiergitter die Gemälde im oberen Teil umfingen, war doch von Anfang an die Malerei dominierend. Dies ist in der zweiten Hälfte des 15. Jahrhunderts nicht die Regel. Häufig haben sich wie beim «Marienaltar» in Sarnen nur die gemalten Flügel eines Retabels erhalten, das in einem Mittelteil, dem Schrein, plastische Skulpturen beherbergte. Zwei Schlüsselwerke der Spätgotik bestehen jedoch ebenfalls ausschliesslich aus Tafelbildern: der Altar der Stadtpatrone von Stephan Lochner im Kölner Dom von 1445[18] (Abb. 9) und der nur wenig später entstandene sogenannte Columba-Altar von Rogier van der Weyden, der sich heute in München befindet (Abb. 10).[19] Diese Werke waren zu ihrer Zeit überaus berühmt, und es ist kaum ein Zufall, dass das Sarner Mittelbild dieselbe Ikonografie zeigt: eine zentrale Darstellung der Gottesmutter mit dem Kind, dem die drei aus den verschiedenen damals bekannten Weltgegenden stammenden Männer unterschiedlichen Alters huldigen. In Sarnen werden sie wie bei der Version Stefan Lochners in Köln als drei Weise, vielleicht Astronomen, gekennzeichnet, die ihre Geschenke Gold, Weihrauch und Myrrhe überbringen. Ikonografisch nimmt das Sarner Werk eher Motive der Version Rogier van der Weydens von 1455 auf. Ähnlich ist beispielsweise die zärtliche Geste, mit der sich der erste König dem Kind nähert. Auch die Stellung des Weisen mittleren Alters – halb stehend,

17 Bei Kretz, Katalog Kunstkabinett, als Einzeltafeln genannt: Nr. 95–97. Masse: Mittelstück 121 × 195 cm. Masse der Flügel: 121 × 95 cm. Literatur: Durrer, Obwalden, S. 700, Taf. XLM f. und Fig. 438 f.; Germann, Muri, S. 440 f.; Stange, Malerei, S. 88–90; Hugelshofer, Maler, S. 80; Stöckli, Herkunft, S. 114–120; Stange/Lieb, Verzeichnis, Nr. 391, S. 88.

18 Stefan Lochner, Altar der Kölner Stadtpatrone (Dombild), 1445, Köln, Wallraf-Richartz-Museum, Inv.-Nr. WRM 66.

19 Rogier van der Weyden, Columba-Altar, um 1455, München, Staatsgemäldesammlungen, Alte Pinakothek, Inv.-Nr. WAF 1191. Zur Rezeptionsgeschichte Borchert, Van Eyck, Abb. 67 und 68, S. 70 f.

**ABB. 8:** Die Anbetung des Kindes durch die drei Könige, hier sind es drei Weise, bildet das Thema des Mittelbildes des Dreikönigsaltars. Der Maler folgt in seiner Darstellung berühmten Vorbildern (Foto: Christine Seiler).

halb kniend – oder die prominente Rolle Josefs entsprechen der berühmten Interpretation Rogier van der Weydens.

Ein weiteres Merkmal des Dreikönigsaltars in Sarnen stimmt wieder eher mit Stefan Lochners Komposition überein. Während nämlich Rogier van der Weyden auf den beiden Innenflügeln zwei vom Mittelbild unabhängige Szenen zeigt, ist auf dem Altar der Kölner Stadtpatrone der Bodenstreifen auf den Retabelflügeln weitergeführt und dient als Bühne für vor goldenem Grund stehende Heilige. So auch in Sarnen: Indem auf dem Gemälde der Raum der Mitteltafel als ein natürlicher, bewachsener Boden gestaltet ist, der auf gleicher Höhe auf die beiden Seitenbilder ausgreift, nehmen wie bei Lochner die dargestellten Heiligen auf symbolische Weise an der Anbetung der Mitteltafel teil (Abb. 1). In Sarnen sind dies im heutigen Zustand links drei heilige Jungfrauen: Magdalena mit Salbgefäss, Barbara mit Buch vor einem Turm und Dorothea, die sich einem Kind mit Blütenkorb – dem

**ABB. 9:** Auch der Kölner Maler Stefan Lochner wählte 1445 die Dreikönigsszene zu seinem Hauptbild. Die seitlichen Heiligen nehmen an der Huldigung symbolisch teil (Köln, Wallraf-Richartz-Museum, Inv.-Nr. WRM 66, Foto: Rheinisches Bildarchiv Köln).

**ABB. 10:** Wohl rund zehn Jahre später entstand die Anbetung der Könige von Rogier van der Weyden für die Marienkapelle der Pfarrkirche St. Kolumba in Köln. Diese Version hat die Malerei der Zeit stark geprägt (Columba-Altar, München, Alte Pinakothek, WAF 1191).

Christkind – zuwendet und es liebevoll bei der Hand nimmt (Abb. 11). Rechts bezeugen drei männliche Heilige den Moment der Huldigung (Abb. 12): zunächst der Christusträger Christophorus – bis zu den Knien im Wasser stehend, was bildmässig nicht glaubhaft dargestellt werden konnte –, in der Mitte Martin mit Bischofsstab und geöffnetem Buch. Er soll, der Legende gemäss, seinen Mantel mit einem Armen geteilt haben. Der zu seinen Füssen kniende Versehrte hat bereits ein Stück des roten Mantels erhalten, das jedoch bei Martin nicht fehlt. Er ist zwergenhaft dargestellt und ein Opfer des sogenannten Antoniusfeuers, der Mutterkornvergiftung (Abb. 13), in dessen Folge die Patienten ihre Extremitäten verloren.[20] Der letzte Heilige wurde unterschiedlich bestimmt: Es ist ein tonsurierter Ordensmann mit Stab und Buch, in dem die Buchstaben O(rdo) S(ancti) B(enedikti) zu lesen sind. Handelt es sich – wie dies schon Leodegar Kretz im Katalog des Kunstkabinetts Muri 1841 vermerkte[21] – um Benedikt von Nursia mit seiner Ordensregel? Da der Heilige in für Benedikt unüblicher Art unter dem schwarzen Mantel einen weissen Habit trägt, wurde diese Bestimmung infrage gestellt.[22]

In geschlossenem Zustand erweitern weitere Heilige als Standfiguren die Ikonografie. Es sind einerseits die sehr häufig zusammen dargestellten Apostelfürsten Petrus mit Schlüssel und Buch sowie Paulus mit dem Schwert (Abb. 3). Auch die Namenspatrone rechts sind einander vertraut: Links steht Johannes der Evangelist, der auf sein Martyrium durch Vergiftung, den Schlangenkelch, hinweist. Neben ihm zeigt Johannes der Täufer mit ähnlicher Geste auf das Symbol des Christus-Lamms, das auf einem Buch liegt (Abb. 3). Der in der Wüste lebende Prophet hatte als Erster auf Christus als den kommenden Messias hingewiesen. Im heutigen beschädigten Zustand ist der Hintergrund der Tafeln holzsichtig; Spuren blauer Farbe, die direkt an die Figuren anstossen, belegen einen einst dunklen Grund.

In der Forschung wurde unterschiedlich beurteilt, ob eine Darstellung des Marientodes, der sogenannten Domitio, einst die Predella dieses grossen Retabels bildete (Abb. 2).[23] Das Gemälde befindet sich heute im Frauenkloster Hermetschwil;

20 Siehe dazu Mischlevski u. a., Grundzüge.

21 Kretz, Katalog Kunstkabinett, Nr. 95.

22 Etwa bei Stöckli, Herkunft, S. 114: «[…] und eines attributlosen Abtes, der durch die weisse Kutte unter dem schwarzen Flockmantel als Dominikaner charakterisiert ist.»

23 So die These von Alban Stöckli, Herkunft, S. 115–119, die von Germann, Muri, S. 440 f., Anm. 4, und Felder, Bremgarten, S. 255 und Anm. 2, abgelehnt, aber von Stange, Malerei, S. 89, unhinterfragt aufgenommen wird. Sie findet auch Aufnahme ins «Kritische Verzeichnis» von Stange/Lieb als Nr. 391b, S. 88.

**ABB. 11:** Dreikönigsaltar: Die drei Frauen stehen vor Goldgrund auf einem natürlichen Bodenstreifen. Besondere Bedeutung verleiht der Maler ihren wunderbaren Gewändern (Foto: Christine Seiler).

**ABB. 12:** Dreikönigsaltar: Das Pendant rechts zeigt drei heilige Männer, Christophorus, Martin und – vermutlich – Benedikt von Nursia (Foto: Christine Seiler).

schwere, mutwillige Verletzungen der Malschicht wurden restauriert.[24] Die jugendliche Gottesmutter liegt umringt von den zwölf Aposteln auf einem quer ins Bild gestellten Bett. Die Männer erteilen ihr den letzten Segen, beten, trauern oder spenden einander Trost. Eindrücklich sind die individuell – teilweise gar etwas überzeichnet – wiedergegebenen Jünger Christi mit grossen Köpfen und auch von weitem erkennbarer Physiognomie. Die Ikonografie setzt nicht notwendigerweise die Kenntnis des berühmten Kupferstichs von Martin Schongauer voraus, wie dies

24 Masse: 60,5 × 142 beziehungsweise 173 cm, Felder, Bremgarten, bildet die Predella in Abb. 261, S. 255, im Zustand vor der 1972 erfolgten Restaurierung ab (Restaurator Wolfgang Wild, Zürich). Das hier geäusserte Urteil Felders (Bremgarten, S. 255, Anm. 2), dass die Masse sich nicht mit der Funktion einer Predella für den etwas breiteren Dreikönigsaltar vertrügen, ist abzulehnen. Sehr häufig sind die Predellatafeln etwas schmaler als die Mitteltafel des zugehörigen Retabels, vgl. zum Beispiel Beckerath u. a., Flügelaltäre, S. 25, 32 f., 53. Zudem ist es nicht unüblich, dass die malerische Qualität der Predella von derjenigen des Retabels abweicht.

**ABB. 13:** Dreikönigsaltar: Auf dem Beinstumpf des Bettlers, dem Martin einen Teil seines Mantels gab, sitzt eine übergrosse Fliege. Solche realistischen Details finden sich an verschiedenen Stellen auf dem Retabel (Foto: Charlotte Gutscher).

vermutet wurde.[25] Es ist eher denkbar, dass eine heute unbekannte niederländische Fassung des Themas existierte, die immer wieder aufgenommen wurde.[26] Der Zugehörigkeit zum Dreikönigsaltar steht deshalb aus Datierungsgründen nichts im Wege. Trotz leicht abweichendem Stil verbinden auch technische Merkmale die Predella sehr eng mit der Werkstatt des Dreikönigsaltars. Es ist nicht aussergewöhnlich, dass die Predella als Arbeit von Gehilfen qualitätsmässig gegenüber der Malerei eines Retabels etwas abfällt (siehe unten).

25 Ausstellung Unterlinden, K.9. Stange, Malerei, S. 89. Ähnliche Motive treten bereits auf dem sogenannten Löselaltar um 1455 auf: Mulhouse, Musée des Beaux-Arts, Inv.-Nr. 153C, siehe Kunstmuseum Basel, Konrad Witz, Kat. 86, S. 334.

26 Siehe dazu Borchert, Van Eyck, Kat. 266, S. 486 f.

## Der Flügelaltar mit Marienszenen

Von einem zweiten Retabel aus demselben Werkstattzusammenhang haben sich die doppelseitig bemalten Flügel erhalten. Sie gehörten einst zu einem mittelgrossen Ensemble,[27] dessen verlorene Mitte entweder wie beim Dreikönigsaltar gemalt oder als Schrein mit dreidimensionalen Skulpturen gestaltet war. Die Innenflügel zeigen links die Verkündigung an Maria, rechts die Geburt Christi (Abb. 4 und 5). Der Altar kann – aber muss nicht – der Muttergottes geweiht gewesen sein. Wenn dies zutrifft, bezog sich auch die zentrale Darstellung auf sie; dargestellt war dann möglicherweise eine thronende Madonna, umgeben von stehenden Heiligen.[28]
Die beiden Szenen der Verkündigung und der Geburt Christi gehören zu den beliebtesten Themen auf Retabeln der zweiten Hälfte des 15. Jahrhunderts. Auch die Verkündigungsikonografie wurde vom Columba-Altar Rogier van der Weydens geprägt (Abb. 10), aber seither in unendlichen Varianten rezipiert. Alle Elemente im Betraum der Jungfrau Maria – so das Lesepult und die Bibel – erzählen von ihrer Belesenheit und Frömmigkeit oder von ihrer zukünftigen Rolle als Himmelskönigin. So ähnelt der grosse Stuhl einem Thron, und der Baldachin bildet ein Ehrendach. Zusätzliche ausschmückende Motive fehlen, und die Bildaussage konzentriert sich auf die wesentlichen Elemente der Geschichte.
Gleiches gilt für das Gegenbild, den einst rechten Innenflügel des Retabels (Abb. 5). In einer Familienszene wird dargestellt, wie Maria und Josef das Neugeborene anbeten. Der Mantel ist der Mutter von den Schultern gerutscht und dessen in die Bildmitte herausragender Zipfel dient dem Kind als Lager. Die Ruine eines Palastes bildet die nüchterne Bühne für das eben erfolgte Geburtswunder.
Eher distanziert wirken die vier Heiligen auf den geschlossenen Flügeln: Georg – im Unterschied zu den beliebteren dramatischen Darstellungen seines Drachenkampfes zu Pferd als Standfigur – ersticht eben den harmlos wirkenden Drachen.[29] Laurentius, im Gewand eines Diakons mit Palme und Rost –den Hinweisen auf seinen

27 Masse je 147 × 73 cm. Literatur: Kretz, Katalog Kunstkabinett, Nr. 94 und 98; Durrer, Obwalden, S. 701 und Taf. XLVIII f.; Hugelshofer, Maler, S. 82; Germann, Muri, Nr. 4, S. 440 f.; Stöckli, Altartafeln, S. 270–272; Stange, Malerei, S. 90; Stange/Lieb, Verzeichnis, Nr. 392, S. 88.

28 Eine analoge Ikonografie weist beispielsweise der Hochaltar der ehemaligen Klosterkirche St. Maria und Michael in Churwalden (GR) auf, 1477, durch Inschrift als Stiftung des damaligen Abts Ludwig von Lindau belegt: Beckerath u. a., Flügelaltäre, Abb. S. 59.

29 Er gleicht eher dem Erzengel Michael, der jedoch geflügelt ist und mit dem Schwert statt der Lanze kämpft, vgl. Kupferstich des Meisters ES, Inventar Lehrs 154, Appuhn, Meister ES, Abb. 15, S. 308.

Märtyrertod –, steht als einziger Heiliger fest auf dem Boden (Abb. 6).[30] Denn auch Margaretha und Katharina (Abb. 7) scheinen der Zeit um 1460 gemäss eher zu schweben. Freude bereitete dem Maler die Wiedergabe der beiden Drachen jeweils im Vordergrund. Alle Heiligen haben sich wiederholende, etwas charakterlose, aber fein gezeichnete Gesichter.

Eine Besonderheit sei an dieser Stelle bereits genannt: Den einfarbigen, heute grauen beziehungsweise blauen Hintergrund zierten einst – bestimmt goldene – Sterne, die als Appliken aufgesetzt waren und deren Befestigungsspuren noch ausgemacht werden konnten (Abb. 23).

30 Laurentius wird im schweizerischen Umkreis nicht sehr häufig dargestellt, doch tritt er gerade im Freiamt nicht selten als Kirchen- oder Altarpatron auf, siehe Felder, Bremgarten, S. 44 und 210 f., Anm. 5.

# Was die Gemälde selbst erzählen

## Erhaltungszustand und Restaurierungen

Die Gemälde des Dreikönigsaltars haben heute einen modernen schwarzen Rahmen. Die beiden Flügel sind zusammen etwas schmaler als die Mitteltafel, weshalb in geschlossenem Zustand in der Mitte eine Lücke von etwa 10 cm entsteht (Abb. 3). Möglicherweise sind hier über den Heiligen spärliche Spuren aufgesetzter Zierarchitektur zu sehen; bei geöffneten Flügeln gibt es keine Hinweise mehr auf ein einstiges Schleierwerk. Der Altar zeigt grossflächige Retuschen, und die Tafeln sind – soweit ohne Ausrahmung sichtbar – auf allen Seiten mehr oder weniger beschnitten.[31]

Die älteste schriftliche Nachricht stammt von 1841 und betrifft die Aufbewahrung der einzelnen Tafeln des Dreikönigsaltars im «Kunstkabinett Muri»: Bei der Auflösung des Stifts hatte Pater Leodegar Kretz zwischen Januar und März 1841 unter Aufsicht der Klostergutsverwaltung und in Kenntnis von Regierungsrat «Comissair Müller» ein Inventar des dortigen Kunstkabinetts erstellt.[32] In der folgenden Korrespondenz zwischen Kretz und dem Aargauer Regierungsrat wiederholte Kretz mehrfach, dass im Kabinett in Muri neben Klosterbesitz auch seine persönliche Sammlung hänge.[33] Implizit sind wohl auch die einzelnen Tafeln der zwei Ensembles gemeint, die im Zentrum dieser Arbeit stehen. Sie sind als Einzeltafeln aufgeführt und tragen die Nrn. 94 und 98 sowie 95–97 (Abb. 14). Kretz unterschied die beiden Altäre nicht, was zeigt, dass damals die Kenntnis der einstigen Zusammengehörigkeit der Flügelaltäre vergessen war.

Vermutlich hingen ab 1841 die zwei Flügel des Marienaltars mit den goldgrundigen Seiten nach vorn in der Kapelle des Kollegiums. Auf diesen Tafeln sind keine grossflächigen Retuschen zu sehen, die Gesichter wirken authentischer, und

31 Aufgrund des neuzeitlichen Firnisses wird auch mit einer UV-Fluoreszenzlampe nicht deutlich, welche Teile Übermalungen erfuhren. Die Rückseite der Mitteltafel konnte nicht untersucht werden. Sichtbar sind zwei waagrechte Verstärkungen an der offenbar nicht bemalten Tafelrückseite. Meine Bemerkungen gehen auf eine Betrachtung der Gemälde am 20. Juli 2023 zurück, gemeinsam mit dem Restaurator Michael Kaufmann, Muri, und Dr. Verena Villiger Steinauer, Freiburg i. Ü., denen ich herzlich danke.

32 Kretz, Katalog Kunstkabinett.

33 Die Korrespondenz dazu befindet sich in StiAMG Sarnen, N.636.2.1. Ich danke Pater Beda Szukics herzlich für seine Hilfe.

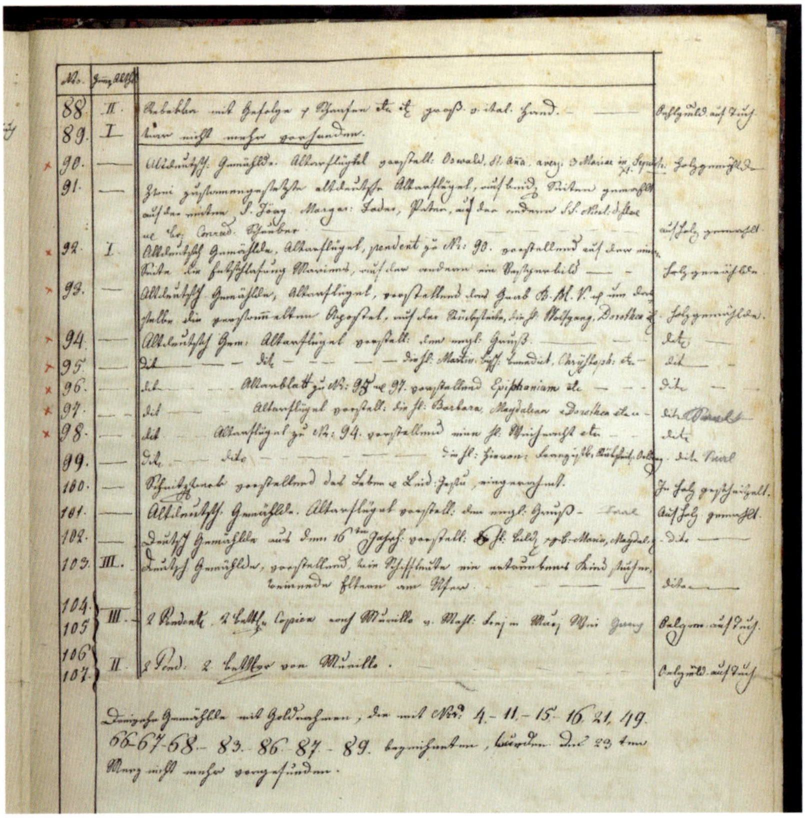

**ABB. 14:** Ausschnitt aus dem von Pater Leodegar Kretz 1841 verfassten Inventar des Kunstkabinetts Muri, wo die heute in Sarnen befindlichen Tafeln als die Nummern 94–98 erwähnt werden (StiAMG Sarnen, Altes Archiv 1, Supplementum X.55).

auch die Malkanten scheinen an vielen Stellen original. Zudem wurde hier der Hintergrundbrokat nicht erneuert und auch nicht mit Bronze übermalt.

Die Tafeln des Dreikönigsaltars hingegen wurden nach 1841 zu einem Retabel wiedervereint.[34] Die falschen Seitenteile wurden auf Intervention Durrers um 1900 entfernt, doch müssen damals die zugehörigen Flügel vertauscht worden sein, was seither niemandem auffiel. Die Perspektive des Plattenbodens und die Orientierung der Heiligen zeigen diesen Irrtum aber unmissverständlich: Erst bei korrekter Anordnung stimmt die Perspektive und macht die Ausrichtung der Heiligen Sinn

34 Stöckli, Herkunft, S. 114.

(Abb. 15).[35] Bei dieser Umbandung oder einer früheren Nutzung wurden die Tafeln seitlich beschnitten.

1929 fand gemäss Alban Stöckli eine nicht dokumentierte Erneuerung des Dreikönigsaltars statt.[36] Fotos vor der letzten Restaurierung ab 1967 durch Restaurator Oskar Emmenegger dokumentieren den Zustand der Gemälde: Senkrechte Risse verliefen entlang der Bretter, der Goldgrund zeigte ein grobes Muster, und die Heiligen hatten Scheiben- statt der heutigen Strahlennimben (Abb. 16).[37] Den Unterlagen zufolge waren Emmeneggers Massnahmen rein restauratorisch.[38] Eine erste Etappe war 1970 abgeschlossen, 1975 erfolgte die «Rekonstruktion der Damastpunzierung». Am 23. Dezember 1975 wurde der Altar feierlich in der Benediktskapelle aufgestellt.

## Technische Merkmale und Besonderheiten

Bis zum Ende des 15. Jahrhunderts zeigten die Altarretabel in unserem Raum – meist nur auf den Festtagsseiten – goldene Hintergründe. Sie liessen die Darstellungen im flackernden Kerzenlicht wundersam leuchten, erzielten den Eindruck eines göttlichen Eigenlichts der Bilder. Zur Herstellung dieser Vergoldungen wurden mittels Schablonen meist grossflächige, von italienischen Seidenstoffen abgeleitete Muster in den Kreidegrund geritzt. Darüber brachte man eine Polimentvergoldung an. Bei Verwendung derselben Schablonen können zuweilen Werkstattzusammenhänge hergestellt werden – so auch hier: Auf dem Marienaltar ist das Muster noch original, auf dem Dreikönigsaltar wurde ein (zweiter?) Goldgrund 1975 aufgrund weniger alter Spuren am oberen Rand nach dem Muster des Marienaltars erneuert (Abb. 17). Das gewählte Binnenmuster der Palmette – mit merkwürdiger, palmenartiger Bekrönung – findet sich auf keinem anderen Gemälde unseres Raumes und entspricht auch nicht genau der Vorlage auf dem Marienaltar.

Der Hintergrund auf den Aussenseiten beider Retabel ist heute holzsichtig, da sich die blaue Farbe weitgehend abgelöst hat. Dieser Zustand ist bereits

35 Entsprechend fehlt der Petrus-Paulus-Darstellung rechts ein Stück, dem Gegenbild mit den beiden Johannes links ein Fragment von rund 5 cm.

36 Dies erwähnt Stöckli, Herkunft. Zudem äussert er ohne Quellenhinweis, dass bereits 1594 bei einer früheren Renovation eine erste Erneuerung des Goldgrundes erfolgt sei. Ebd., S. 118.

37 Die Fotos befinden sich im StiAMG Sarnen, K 3.0.9.12.

38 Dokumentation im StiAMG Sarnen, K1.0.7.2, zum 22. 1. 1967.

**ABB. 15:** Zu einem unbekannten Datum wurden die beiden Flügel des Dreikönigsaltars vertauscht. So sähe die Aussenseite bei richtiger Anordnung der Heiligen aus (Foto: Christine Seiler).

**ABB. 16:** Im Staatsarchiv des Kantons Obwalden in Sarnen werden alte Aufnahmen des Dreikönigsaltars aufbewahrt. Dieses nicht datierte Foto zeigt den schlechten Zustand vor der Restaurierung 1967 (StiAMG Sarnen, K3.09.12, Fotograf: unbekannt).

ABB. 17: Noch heute ist auf dem Dreikönigsbild am oberen Rand der Rest des originalen Goldgrundes zu sehen. Die Rekonstruktion von 1975 nimmt das Muster des Marienaltars auf (Foto: Christine Seiler).

ABB. 18: Auf beiden Retabeln wurde zwischen dem Holzbildträger und der Grundierung der Tafel eine Schicht aufgeklebt. Es handelt sich um Leinwand oder sogenanntes Werg (Foto: Charlotte Gutscher).

auf den ältesten Fotos um 1900 zu sehen. Diese und weitere technische Merkmale lassen keinen Zweifel, dass beide Retabel in derselben Werkstatt hergestellt wurden. So ist etwa an verschiedenen Stellen auf beiden Ensembles – eindeutig unter den Resten der weiss grundierten blauen Farbe – eine graue Schicht zu erkennen (Abb. 18). Diese weist eine textile Struktur auf. Es könnte sich – wie dies üblich war – um Leinwand handeln, die über den vorbereiteten Holztafeln aufgeleimt wurde, um die einzelnen Bretter zu verbinden und die Maloberfläche auszuebnen. An den Aussenseiten beider Altäre könnte aber auch eine etwas günstigere Lösung gewählt worden sein: sogenanntes Werg.[39] Aus den Abfällen der Flachsproduktion, den zu kurzen Fäden, wurde mit Leim eine Masse hergestellt, die, flach ausgestrichen, dazu diente, die Malschicht vorzubereiten: Nach dem Trocknen wurde der Kreidegrund angebracht, geglättet und dann bemalt. Geht die Ablösung des Hintergrundes auf den Aussenseiten beider Retabel auf ein unglückliches Herstellungsverfahren zu-

39 Die Zubereitung mit Werg tritt besonders auf den Aussenseiten auf. So etwa bei Hans Fries, siehe dazu Villiger, Hans Fries, S. 58 f.

rück oder auf ein Ereignis (vor 1841) in der langen Zeit ihrer Aufbewahrung am selben Ort?

## Malerische Imitation von Seidenstoffen

Auf den Innenseiten des Dreikönigsaltars wird an mehreren Stellen eine aufwendige und teure Technik angewendet: der sogenannte Pressbrokat (Abb. 19).[40] Zur Vorbereitung musste ein Holzmodel hergestellt werden, in welches die senkrechten, parallelen Linien zur Imitation der goldenen Fäden eingeschnitzt wurden. Nun drückte man eine weiche Prägemasse ins Model. Dank einer trennenden Zinnfolie konnte nach dem Trocknen jeweils ein Rapport aus dem Model herausgenommen und auf die vorbereitete Stelle – der Kreidegrund wurde dazu leimgetränkt – auf dem Tafelbild aufgebracht werden. Sorgfältig musste die Zinnfolie abgelöst werden, damit die Schauseite mit Gold und dünner Farbe – hier grün – bemalt werden konnte. Durch das Nebeneinandersetzen der einzelnen Blätter entstand die Illusion eines fortlaufenden Rapports. Hier in Sarnen folgt der Musterverlauf dem genähten Gewand, die einzelnen Blätter wurden also je nach Bedürfnis gedreht und beschnitten. Weniger gut erhalten tritt der Pressbrokat auch auf dem Gewand Marias auf, wo die hier rote Farbe fast völlig verloren ist.

Interessanterweise variierte der Maler des Dreikönigsaltars die Darstellung von Brokatstoff, und dies auf demselben Altarflügel (Abb. 20)! Technisch einfacher, aber nicht weniger kunstvoll ist der gemalte Brokat auf dem Mantel Barbaras. Der Faltenverlauf wird durch goldgelbe Höhungen konturiert, der Glanz durch fischgratmässig davon ausgehende kurze Linien und kleine Punkte erzeugt. Das darüber gemalte rote Brokatmuster, das die Palmetten und Akanthusranken des Hintergrundes aufnimmt, folgt zwar nicht dem Faltenverlauf, trotzdem ist die Wirkung überzeugend und im heutigen Zustand sogar strahlender als der teure Pressbrokat. Die gleiche originelle Technik – zwar mit etwas weniger Virtuosität vorgetragen – kommt auch auf dem Marienaltar beim Gewand der Margaretha vor (Abb. 21). Und auf genau dieselbe Weise malte ein Werkstattmitarbeiter die Decke der sterbenden Gottesmutter auf der Predella in Hermetschwil (Abb. 22) und liefert damit ein weiteres Argument für deren Zuschreibung an dieselbe Werkstatt. Der grosse Meister

40 Allgemein dazu Straub, Tafel- und Tüchleinmalerei, S. 176–178. Zum gleichzeitigen Auftreten in der Strassburger Skulptur vgl. Roller, Niclaus Gerhaert, S. 172 f. und Abb. 219.

**ABB. 19:** Der Pressbrokat wurde zur Darstellung von teuren Gewändern angewendet. Die Technik war kompliziert und aufwendig und sagt etwas aus über die Kosten des Auftrages (Foto: Christine Seiler).

**ABB. 20:** Brillant gemalt ist der Brokat am Gewand der heiligen Barbara auf derselben Tafel. Die Illusion des teuren Stoffes ist für das Auge fast perfekt (Foto: Christine Seiler).

**ABB. 21:** Auch auf dem Marienaltar kommt die Technik für die Goldbrokatdarstellung zur Anwendung. Zwar leuchtet der Stoff hier weniger, was aber eher dem Erhaltungszustand geschuldet ist (Foto: Charlotte Gutscher).

**ABB. 22:** Auf dem dritten Gemälde der Werkstatt, der Predella, wird dieselbe Malweise angewendet – auch wenn es hier möglicherweise ein Gehilfe war, der sie ausführte (Kloster Hermetschwil, Foto: Charlotte Gutscher).

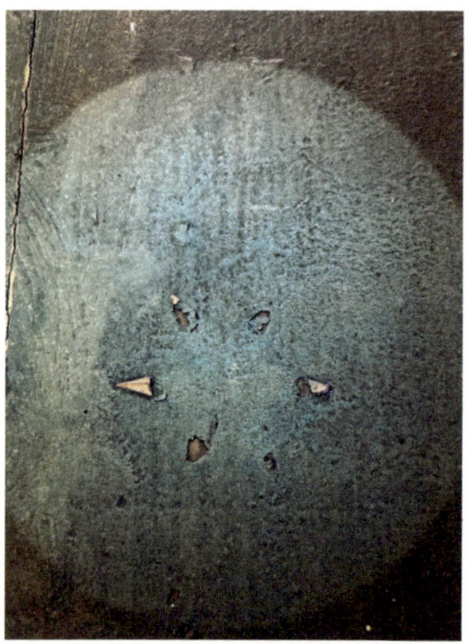

**ABB. 23:** Auf dem Marienaltar zeichnen sich hinter Margaretha und Katharina die Reste von einst applizierten Sternen ab. Es ist unklar, wann sie verloren gingen und man den Hintergrund flächig grau durchmalte (Foto: Charlotte Gutscher).

illusionistisch gemalten Stoffes war Konrad Witz. Bei einem ihm nahestehenden Nachfolger aus der Zeit um 1445/50 findet sich denn auch ein mögliches Vergleichsbeispiel.[41]

## Ein verlorenes Merkmal: Sternappliken auf dem Marienaltar

Der heute grau wirkende Hintergrund der beiden Heiligen auf der Aussenseite des Marienaltars muss einst blau und mit aufgesetzten (goldenen?) Sternen belegt gewesen sein. Die Reste dieser Appliken finden sich an vielen Stellen (Abb. 23). Ob es sie auch auf der «Männerseite» gab, geht aus dem heutigen Zustand nicht hervor. Im Vergleich mit den Pressbrokatapplikationen dürfte die Herstellung der Sterne einfach gewesen sein. Die Technik ist im 15. Jahrhundert ausführlich beschrieben,[42] direkte Vergleichsbeispiele aus der zeitgenössischen Malerei können jedoch nicht beigebracht werden.[43] Wie gezeigt werden soll, waren gemalte sternenbesetzte Hintergründe aber im oberrheinischen Raum sehr beliebt.

41 Vgl. das silberne Gewand der Synagoge auf dem Gemälde «Der Gekreuzigte zwischen Maria und Johannes, Ecclesia und Synagoge» in Glastonbury (Somerset), St. John the Baptist, siehe Kunstmuseum Basel, Konrad Witz, Nr. 27, S. 189 f.

42 Siehe dazu Straub, Tafel- und Tüchleinmalerei, S. 173–176, besonders S. 175 f.

43 Zu Appliken auf Skulpturen in Strassburg um 1460 siehe Roller, Niclaus Gerhaert, S. 170–177. Es handelt sich hier allerdings nur um kleine runde Appliken, keine Sterne.

## Die Vorbereitung auf der Bildfläche: Unterzeichnungen

Auf dem geglätteten und imprägnierten Kreidegrund wurde in einem ersten Schritt mit einem dicken Pinsel die Komposition geplant.[44] Diese Vorbereitung war ebenso nötig, wenn eine Vorlage übertragen wurde, wie wenn der Entwurf teilweise auf der Bildfläche selbst erfolgte. Vom Sarner Dreikönigsaltar wurden Teile der Aussenflügel mit Infrarotfotografie aufgenommen, was hervorragende Ergebnisse lieferte (Abb. 24).[45] Auf dieser Aufnahme kann man bei der rechten Schulter von Johannes dem Täufer den genannten ersten Arbeitsschritt sehen. Beim unteren Teil des Mantels tritt auf der Infrarotfotografie die zweite, mit feinem Pinsel ausgeführte, detaillierte Vorbereitung der Draperie hervor. Die Unterzeichnung legt die Konturen fest, gibt mit feinen, eng beisammenliegenden und parallel verlaufenden Schraffen den Faltenverlauf vor und verdunkelt mit Kreuzschraffen dessen schattige Partien. Solch ausführlich unterzeichnete Draperien sind typisch für die Zeit um 1460/70. Es sind ähnliche, etwas steife Stoffgebilde mit tief eingedrückten Faltentälern, die auf einer oberrheinischen Federzeichnung im Kupferstichkabinett Basel begegnen (Abb. 25).[46] Trotz ebenfalls anderer (und komplizierterer) Technik gleichen auch die Falten auf den Kupferstichen des Meisters ES den Sarner Unterzeichnungen (Abb. 26).[47] Ähnlich werden die Faltenkonturen in einem Motiv abstrahiert, das an Fischgräte erinnert.[48] Die Unterzeichnungen des Dreikönigsaltars passen damit zum Zeichenstil im Gebiet des Oberrheins vor der Verbreitung der Kupferstiche Martin Schongauers. Diese haben ab den 1480er-Jahren eine neue Art der Faltendarstellung zur Folge, die weniger genau vorgezeichnet ist, sondern mit wiederkehrenden Kürzeln arbeitet.[49]

44 Siehe Straub, Tafel- und Tüchleinmalerei, S. 159–161.

45 Ich danke Susanne Ritter-Lutz für die Organisation und der Fotografin Christine Seiler für die hochprofessionelle Ausführung dieser Fotos. Die Ergebnisse sind hervorragend, und es würde sich lohnen, bei nächster Gelegenheit den ganzen Altar auf diese Weise zu fotografieren.

46 Zwei Studien zu einer Anna-Selbdritt-Gruppe, Oberrhein (?), um 1470–1480. Kunstmuseum Basel, Kupferstichkabinett, Inv.-Nr. U.III.54, Masse: 19,1 × 27,7 cm. Die kurzen, geraden Striche des Pinsels unterscheiden sich von der eher gerundet geführten Feder.

47 Siehe dazu Breisig, Vermittlung, S. 135–149, besonders S. 136, Abb. 154 f.

48 Siehe etwa die Werkgruppe um Heinrich Büchler, um 1470/80, in Gutscher, Nelken statt Namen, S. 36–41, Kat. II, S. 184–190.

49 Diesen Einfluss verraten in unserem Raum bereits die schönen Unterzeichnungen auf dem Hochaltar der Franziskanerkirche in Freiburg i. Ü., 1479, das älteste Werk eines Nelkenmeisters. Siehe dazu Gutscher/Villiger, Nelke, S. 106–113.

**ABB. 24:** Infrarotfotografie der Aussenseite des Dreikönigsaltars. Beim violetten Gewand von Johannes dem Täufer rechts ist die sorgfältige Vorbereitung mit schwarzem Pinsel gut zu sehen. Sie ist qualitativ einer selbständigen Zeichnung vergleichbar. (Foto: Christine Seiler).

**ABB. 25:** Oberrheinische Federzeichnung im Kupferstichkabinett Basel, um 1470, mit ähnlichen Draperien, die zwar kunstvoll, aber etwas unnatürlich gefaltet sind (Öffentliche Kunstsammlung Basel, Kupferstichkabinett, Inv. U.III.54).

**ABB. 26:** Kupferstecher ES, Die grosse Madonna von Einsiedeln, datiert 1466. Auch auf dieser Grafik sind die Gewänder in komplizierte Falten gelegt und wirken wie «eingefroren» (Öffentliche Kunstsammlung Basel, Kupferstichkabinett, Inv. Aus K.6.46).

# Drei Ansätze zur Charakterisierung der Werkstatt

Die Malerei der zweiten Jahrhunderthälfte war, wie bereits erwähnt, geprägt vom niederländischen Einfluss, der sich über die deutschen Handelsstädte, insbesondere Nürnberg, an den Oberrhein und über Basel in unser Gebiet ausbreitete. Auf diesem Weg nahmen Strassburg und Basel eine wichtige Rolle ein, die aber aufgrund der grossen Verluste spätmittelalterlicher Malerei schwer zu konkretisieren ist. Im 15. Jahrhundert bestanden enge Verbindungen zwischen den eidgenössischen Städten - allen voran Bern - und dem Oberrhein in wirtschaftlicher ebenso wie in politischer Hinsicht.[50] Ein kompliziertes System von Allianzen diente etwa 1474 dem Widerstand dieser mächtigen Städte gegen Karl den Kühnen. Auch die offenbar sehr mobilen Maler profitierten von diesen freundschaftlichen Beziehungen und den guten Reisebedingungen entlang des Rheins. Zentren sind Strassburg und Basel, wo durch schriftliche Quellen um die Jahrhundertmitte mindestens zwanzig Maler belegt sind.[51] Nur von wenigen, wie vom unbestreitbar grössten Neuerer der Malerei in unserem Raum, Konrad Witz (um 1400–1446), kennt man auch Werke.[52] Er profitierte von Aufträgen in der Konzilsstadt Basel,[53] doch sind auch in der Folgezeit viele Malereiaufträge belegt, sie sind einfach nicht erhalten.[54] In Strassburg entstand in der Jahrhundertmitte ein Zentrum der Glasmalerei.

## Die Darstellung der Geburt Christi auf dem Marienaltar

Auf den beiden Retabeln sind nur drei biblische Geschichten wiedergegeben: die Verkündigung an Maria, die Geburt Christi und die Anbetung der Weisen. Alle beziehen sich also auf den Ausgangspunkt der Heilsgeschichte und gehören zu den am häufigsten dargestellten Szenen des Spätmittelalters. Herausgegriffen sei hier die Darstellung der Geburt (Abb. 5). Genau genommen müsste die Ikonografie als

50 Sieber-Lehmann, Nationalismus, zeigt die engen Verflechtungen auf, die zwischen den eidgenössischen Städten und denjenigen des Oberrheins bestanden.
51 Rott, Quellen III/1: Strassburg, S. 185–208; Rott, Quellen III/2: Basel, S. 9–39.
52 Siehe dazu Kunstmuseum Basel, Konrad Witz, wo auch viele Nachfolgewerke vorgestellt werden.
53 Siehe zur Bedeutung des Konzils für die Kunst Lucas, Europa in Basel, besonders S. 18–41.
54 Zu Konrad Witz und seiner Nachfolge siehe Kunstmuseum Basel, Konrad Witz.

Anbetung des neugeborenen Kindes bezeichnet werden. Seit den Visionen der grossen Mystikerin des 14. Jahrhunderts, Birgitta von Schweden,[55] wird in der Kunst der Moment nach der wundersamen und schmerzfreien Geburt abgebildet: Die Mutter und der Ziehvater Josef verehren das Neugeborene, das auf dem Mantelzipfel Mariens liegt. Das Paar fand Unterschlupf in der notdürftig hergerichteten Palastruine, die sonst Ochs und Esel als Stall diente. Die Mutter hat sich in der Vision der Birgitta im Moment der Geburt an eine Säule angelehnt, welche als Motiv in die Ikonografie Eingang findet. Neu ist zudem die lichtspendende Rolle Josefs, der häufig Maria grössenmässig gleichgestellt ist. Diese Ikonografie ist in unendlich vielen Darstellungen überliefert, die einander mehr oder weniger gleichen. An den Anfang einer Vergleichsreihe sei hier ein kleines Gemälde des fränkischen Malers Friedrich Herlin von 1460/61 gestellt (Abb. 27). Herlin war mit der Malerei des berühmten Rogier van der Weyden vertraut.[56] Seitenverkehrt – was möglicherweise auf eine grafische Zwischenstufe verweist – entspricht das Gemälde in vielerlei Hinsicht

55 Zu Birgitta von Schweden (1303–1373) siehe Schiwy, Birgitta von Schweden.

56 Karlsruhe, Staatliche Kunsthalle, Inv.-Nr. 2287, 2277. Masse: 44,5 × 30,3 cm, siehe Borchert, Van Eyck, Kat. 209, S. 393.

**ABB. 27:** Der Maler Friedrich Herlin lebte ab 1459 in Nördlingen. Er übersetzte die niederländische Kunst in seine eigene künstlerische Sprache und wurde wiederum zum Vorbild für spätere Meister (Karlsruhe, Staatliche Kunsthalle, Inv.-Nr. 2287).

**ABB. 28:** Die Federzeichung des Meisters der Gewandstudien in Oxford, um 1465/75, ist ikonografisch ebenso der Version Herlins wie dem Sarner Marienaltar verwandt, auch wenn nicht alle Details ganz genau übereinstimmen (Oxford, Ashmolean Museum, Inv. P.I.257).

**ABB. 29:** Das kleine Geburtsbild, das sich ehemals in der Sammlung Walter Steinmetz befand, ist fast identisch mit der Sarner Version: Wer kopiert wen? Oder beide eine dritte Darstellung? (Repro: Auktionskatalog Lempertz, Bd. 956, Köln 2010, Nr. 1518).

der Version in Sarnen. Neben dem ruhigen Gesamtcharakter, dem Bildaufbau und vielen Einzelmotiven, wie der Haltung der Kerze in der Hand Josefs, verbindet beide Bilder auch die Innigkeit der Familienszene. Das zweite Beispiel in der Reihe bildet eine Federzeichnung des oberrheinischen Meisters der Gewandstudien aus der Zeit um 1465/75 (Abb. 28).[57] Auch diese ist seitenverkehrt gegenüber der Sarner Version, zeigt statt der zentralen Säule das Motiv eines betenden Engels, hat aber andere Ähnlichkeiten mit dem schweizerischen Bild: den von den Schultern herabgeglittenen Mantel Marias etwa oder die am Bildrand eingeklemmten Tiere. Die Vergleiche lassen vermuten, dass es ein berühmtes Vorbild gegeben hat, das auf leicht abweichende Art von verschiedenen Meistern in der Zeit um 1460–1470 und in unterschiedlichen Techniken kopiert worden ist. Spuren davon finden sich auch in der Strassburger Glasmalerei und gingen in die wenig spätere, in der Malerei vielfach aufgenommene Kupferstichversion von Martin Schongauer ein.[58] Ein drittes

57 Geburt Christi. Meister der Gewandstudien, um 1465/75. Feder in Schwarz, 25,4 × 20 cm. Nachträgliches Dürer-Monogramm in brauner Tinte. Oxford, Ashmolean Museum, Inv. P.I.257, siehe Roth, Bilder, Kat. 45, S. 168.

58 Geburt Christi. Martin Schongauer (Ausstellung Unterlinden, K.6). Zu den weiteren Vergleichen siehe Roth, Bilder, S. 168 f.

Gemälde – wohl aus derselben Werkstatt und der Version in Sarnen zum Verwechseln ähnlich – kann diese Vermutung einer berühmten Vorlage veranschaulichen (Abb. 29).[59] Die Tafel weist denselben Hintergrundbrokat auf, und das Neugeborene gleicht stärker dem Kind des Dreikönigsaltars (Abb. 8) – wodurch weitere Hinweise auf den Werkstattzusammenhang aller dieser Gemälde gewonnen werden können. Die Unterschiede in der Haltung Josefs oder in den Farben seines Gewandes belegen hingegen erneut, dass selbst bei genauer Wiederholung einer Vorlage dem Maler eine gewisse Selbständigkeit blieb.

## Der grosse Unbekannte mit enormem Einfluss: Meister ES

Ein neues Phänomen bestimmte die Malerei nach 1460: der Einfluss der Druckgrafik. Besonders deutlich wird dieser im Zusammenhang mit den Kupferstichen des sogenannten Meisters ES.[60] Die Kunstgeschichte hat ihm diesen Notnamen aufgrund seines Monogramms auf zahlreichen Kupferstichen gegeben. Auch hier darf man neben der Künstlerpersönlichkeit eine wirkungsvolle Werkstatt mit einer hervorragenden neuen Technik annehmen. Diese scheint ab etwa 1455 in Konstanz, Basel, am Bodensee und in Strassburg tätig gewesen zu sein. Kurz nach 1468 muss der grosse Unbekannte verstorben sein. Mehrere Stiche sind mit der Jahreszahl 1466 versehen und haben einen Bezug zum Marienwallfahrtsort Einsiedeln, wo damals das 500-Jahr-Jubiläum der Klostergründung gefeiert wurde und die Stiche sicher gut an Pilger abgesetzt werden konnten (Abb. 26).[61]

Zur Illustration des Einflusses des Meisters ES soll ein grösseres Ensemble genannt werden, das in gewisser Weise als etwas älterer «Verwandter» der Sarner Gemälde gelten darf. Die erhaltenen Tafeln befinden sich heute im Schweizerischen Nationalmuseum in Zürich und in der Sammlung Würth in Schwäbisch Hall.[62] Übereinstimmend wird in der Forschung das Retabel, das 1845 in Walenstadt er-

59 Masse: 119 × 81 cm. Das Gemälde befand sich in der Sammlung Walter Steinmetz, Darmstadt, und wurde 2010 in Köln verkauft: Sammlung Steinmetz, Sammlung Härle: 15. Mai 2010 (Lempertz-Auktion 956), Köln 2010, Nr. 1518. Bernd Konrad hat das Gemälde erstmals im Zusammenhang mit dieser Werkstatt publiziert: DVD Nr. 0391_2_1, mit Verweis auf die Ausstellung in Lindau 2007, S. 32, Nr. 21.

60 Siehe Appuhn, Meister ES, und Appuhn, Monogramm.

61 Basel, Öffentliche Kunstsammlung, Kupferstichkabinett, Inv. Aus K.6.46, siehe Appuhn, Meister ES, Abb. 78.

62 Schweizerisches Nationalmuseum, Zürich, Inv. AG 12–15 sowie Inv. LM-18001, siehe Wüthrich/Ruoss, Katalog, Kat. 9–12 und 13, S. 23 f.; Sammlung Würth, Inv. 6471–73, siehe Weber, Meister, Kat. Nrn. 52 a–c, S. 209–217.

**ABB. 30:** Die Altartafel ist Teil eines grösseren Ensembles, das aus Walenstadt stammt, um 1465. Das Gemälde mit den Apostelfürsten Paulus und Petrus ist typisch für den Einfluss des Meisters ES (Schweizerisches Nationalmuseum, Zürich, Inv. LM-18001).

**ABB. 31:** Noch näher steht den Sarner Gemälden eine Darstellung des heiligen Antonius in Amsterdam. Sie veranschaulicht, wie der nur als Kupferstecher bekannte Meister ES gemalt haben könnte (Amsterdam, Rijksmuseum, Inv. SK-A-3310).

worben wurde,[63] um 1465 datiert.[64] Der Maler ist noch der Kunst des Konrad Witz verbunden, kennt aber eindeutig bereits einige Kupferstiche des Meisters ES.[65] Auf einer Tafel stehen wie in Sarnen die beiden Apostelfürsten Petrus und Paulus nebeneinander (Abb. 30). Im Vergleich wirken die Gestalten aus Walenstadt gedrungener, verwandt sind aber die etwas steife Haltung, die leicht verbissenen Gesichter, die gezierten Bewegungen oder die steifen Falten der Gewänder.

All diese Merkmale kennzeichnen auch eine Tafel in Amsterdam aus dem Umkreis des Meisters ES (Abb. 31).[66] Der heilige Antonius steht wie in Sarnen auf einem niedrigen, grauen und nur schwach bewachsenen Bodenstreifen.[67] Sein Gesicht zeigt die für die Sarner Werkstatt charakteristische Nasenwurzelfalte, und das im überlangen Mantel versteckte Schweinchen gleicht auf überraschende Weise dem Drachen Margarethas (Abb. 7). Auch für Johannes den Täufer[68] oder die Apostelfürsten könnten Vorlagen aus dem Schaffen des Meisters ES gedient haben. Besonders Paulus erinnert an einen entsprechenden Kupferstich (Abb. 32):[69] sein verbissener Gesichtsausdruck, die etwas unnatürliche Haltung des Oberkörpers, die gelenklosen Finger, die stoffreichen, künstlich arrangierten Draperien.

Übrigens trifft man die eher finster blickenden Männer des Meisters ES mit mächtigen Bärten, niedriger Stirn, schweren Augenlidern und einer charakteristischen, tiefen Nasenwurzelfalte[70] auch auf der Predella mit dem Marientod in Hermetschwil (Abb. 2). Auch die feingliedrigen Hände verbinden die Predella mit dieser Tradition.

63 Dies belegt eine Notiz auf der Rückseite einer Tafel. Eine einstige Aufstellung in der dortigen Pfarrkirche St. Luzius und Florinus ist nach Grimm/Konrad weder zu belegen noch auszuschliessen: Grimm/Konrad, Sammlungen, S. 107.

64 Stange, Malerei, S. 59; Stange/Lieb, Verzeichnis, Nr. 314, S. 75; Grimm/Konrad, Sammlungen, Kat. 7, S. 106 f.

65 Grimm/Konrad, Sammlungen, Bestätigung der Einordnung und Literaturnachweis S. 108.

66 Borchert, Van Eyck, Kat. 140, S. 305.

67 Köllermann, Modelle.

68 Appuhn, Meister ES, Abb. 151.

69 Ebd., Abb. 99 f.

70 Die ausgeprägte Stirnfalte an der Nasenwurzel tritt auch auf Werken der Strassburger Werkstattgemeinschaft auf, siehe Roth, Bilder, Kat. 37, um 1490.

**ABB. 32:** Meister ES, Paulus aus der Serie der sitzenden Apostel. (Staatliche Museen zu Berlin, Kupferstichkabinett, Ident.-Nr. 388-1).

**ABB. 33:** Kopf des Paulus, Predella Kloster Hermetschwil, Ausschnitt aus Abb. 2.

## Maria und die Heiligen Frauen

Die Gottesmutter ist der Schönheitsmassstab für die dargestellten Frauen. Sie gleichen ihr alle, haben einen kräftigen Hals und ein deutlich erkennbares Halsgrübchen. Die langen Locken umfliessen die regelmässigen, eher runden und flachen Gesichter mit hoher Stirn, die Augen zeigen starke Augäpfel, der Ausdruck ist etwas emotionslos. Die Beschreibung trifft nicht nur auf die Tafelgemälde in Sarnen zu, sondern entspricht ebenso dem Frauentyp der wenig später arbeitenden Nelkenmeister (nach 1480).[71] Auch die Ikonografie der weiblichen Heiligen kann auf die Kupferstiche des Meisters ES zurückgeführt werden,[72] an dieser Stelle sollen jedoch andere Aspekte zur Sprache kommen. So interessieren zunächst die ausserordentlich reichen und um 1460 topmodischen Gewänder der Heiligen (Abb. 11 und 34). Dorothea als die lebhafteste Gestalt des Gemäldes unternimmt einen fast tänzerischen Ausfallschritt nach links, rafft dazu den aus schwerem Stoff gearbeiteten

71 Siehe Gutscher/Villiger, Nelke, sowie Gutscher, Nelken statt Namen.
72 Sehr gut vergleichbar Appuhn, Meister ES, Abb. 163.

**ABB. 34:** Ausschnitt der Gewänder auf dem Innenflügel des Dreikönigsaltars. Den Maler interessierten der Luxus und die Materialien der teuren Stoffe ebenso wie der elegante Schnitt der Kleider (Foto: Christine Seiler).

Mantel zur rechten Taille hoch und wendet sich dem Kind zu. Ihr enges Kleid ist aus teurem, grün-goldenem Brokat gefertigt, in den spitzen Ausschnitt ist ein weisses Chiffontuch eingelegt. Barbara in der Mitte der Tafel übertrifft mit ihrer prunkvollen Kleidung die anderen Frauen: Sie trägt ein Schleppkleid aus rot-goldenem Brokatstoff mit trompetenartig weit geschnittenen Ärmeln und mit Perlen besticktem Saumband. Die Haube in der Form eines Turbans nimmt die verschiedenen Stoffe des Gewandes auf und ist mit einem weissen Schleier versehen, dessen Ende zur linken Schulter hinabfliesst. Die Kleidung der nach links folgenden Magdalena, im Dreiviertelprofil leicht zur Mitte gewandt, ist vergleichsweise bescheiden und zeitlos. Auch ihr Mantel ist aber überlang, und möglicherweise schien auch ihr Kleid aus Brokatstoff gefertigt, wie dies ein kleiner Rest von Pressbrokat unter der Hand mit dem Salbgefäss vermuten lässt.

Die extrem weiten Ärmel, die hohen Taillen, die unter dem Kleid sich abzeichnenden kleinen runden Brüste, die mächtigen Turbane, sogar die hübschen runden Gesichter mit dem Kinngrübchen – alles findet sich wieder auf einer Zeich-

**ABB. 35:** Die Kleider auf dem Dreikönigsaltar entsprechen der niederländischen Mode im mittleren 15. Jahrhundert. Die Zeichnung der beiden Jungfrauen, um 1460, kopiert solche Vorbilder (Wien, Grafische Sammlung Albertina, Inv.-Nr. 3046).

nung der Zeit um 1460/70, die sich in Wien erhalten hat (Abb. 35 ).[73] Es soll sich um eine Nachzeichnung eines Werkes aus dem Umkreis von Rogier van der Weyden handeln.[74] Nur in den seltensten Fällen haben sich solch fragile Zeugen der Vermittlung – also etwa Musterbücher der wandernden Maler in Ausbildung – erhalten. Man darf aber davon ausgehen, dass sie wertvoller und sorgfältig gehüteter Teil jeder mittelalterlichen Werkstatt waren.

Auch die Frauen auf dem Aussenflügel des Marienaltars sind topmodisch gekleidet, auch wenn ihre Stoffe etwas weniger wertvoll zu sein scheinen (Abb. 7). Der Schnitt des Gewandes von Margaretha mit den weiten Ärmeln, die aus den kurzen Ärmeln eines darüber getragenen, winzigen und taillebetonenden Wamses herausragen, erinnert an die niederländische Mode auf der Zeichnung (Abb. 35).

Lässt sich bei den beiden Frauen des Marienaltars doch schon der Einfluss des berühmten Martin Schongauer feststellen? Zwar kannten sie vermutlich dessen

73 Wien, Grafische Sammlung Albertina, Inv.-Nr. 3046.

74 Nach Roth, Bilder, S. 121, Text zu Abb. 23.1.

**ABB. 36**: Die Jungfrauen auf einer Zeichnung aus dem Umfeld Martin Schongauers, um 1470/80, im Kupferstichkabinett Basel, gleichen in vielerlei Hinsicht den beiden Heiligen auf dem Marienaltar (Öffentliche Kunstsammlung Basel, Kupferstichkabinett, Inv. U.XVI.6).

Kupferstiche noch nicht, doch zeigt eine Zeichnung aus seinem Umfeld grosse Ähnlichkeiten (Abb. 36 ).[75] Unter den fünf wie in Sarnen zumeist gekrönten Heiligen sind teilweise dieselben Frauen vertreten, doch scheint ihre Identifikation eher zufällig, gleichen sie sich doch untereinander weitgehend. Wieder ist anzunehmen, dass dem Sarner Maler und dem oberrheinischen Zeichner sehr verwandte oder gar identische Vorlagen zur Verfügung standen.

75 Umkreis Martin Schongauer. Fünf weibliche Heilige mit Stifter, Federzeichnung in Schwarz, 23,9 × 21,4 cm, Basel, Öffentliche Kunstsammlung, Kupferstichkabinett, Inv.-Nr. U.XVI.6, siehe Spätmittelalter am Oberrhein, Nr. 96, S. 186 f.

# Vom Befund zur Hypothese: die Malerfrage

Fassen wir zusammen: Beide Altäre wie auch die Predella verbindet ein ruhiger, etwas statischer Charakter, der auf eine gewisse Weise der Skulptur verwandt ist. Ihre Meister scheinen kein grosses Interesse an der Landschaft zu haben, was eher ungewöhnlich ist in der Zeit. Als typische Vertreter der Generation nach Konrad Witz geben sie aber die Materialität der Dinge möglichst authentisch wieder: die Fliege, das Holz eines Stuhles, die fast haptische Wirkung der wertvollen Stoffe mit tiefen Falten. Ähnliches gilt für die teilweise rissigen, gestampften Lehmböden mit kargem Bewuchs.[76] Die menschliche Seite der Heiligen steht im Zentrum. So legt beispielsweise auf der Verkündigung Maria ihren Zeigefinger in das nur leicht geöffnete Buch – anscheinend um sich zu erinnern, wo sie bei der Lektüre unterbrochen worden ist (Abb. 4).[77]

In der Werkstatt könnte der Dreikönigsaltar einige Jahre früher entstanden sein als der Marienaltar. Ersterer ist stark von der Malerei der 1460er-Jahre geprägt, deren Stil sich gut in den Kupferstichen des Meisters ES fassen lässt. Der Marienaltar zeigt bereits Parallelen zu künstlerischen Strömungen im Umfeld Martin Schongauers der 1470er-Jahre. Eine ausserordentliche Nähe beider Ensembles besteht zur Strassburger Glasmalerei der Zeit um 1460/70. Gut mit Sarnen zu vergleichen sind beispielsweise die Fenster der ehemaligen Klosterkirche Walbourg, die 1461 entstanden sind.[78] Wie die dortigen Werkstätten verfügten auch die Sarner Meister über einen umfangreichen Schatz an Vorlagen: Nachzeichnungen berühmter Werke in Musterbüchern oder auch grafische Blätter.

All diese Merkmale genügen nicht, einen Maler zu bestimmen. Sie weisen aber in die Richtung, wo dieser geschult worden sein muss: am Oberrhein, ganz besonders in der Gegend um Strassburg, und in der Zeit um 1450/60.

76 Ähnlich beispielsweise bei Hans Pleydenwurff, Kreuzigung Christi, um 1460, London, Sam Fog., siehe Borchert 2011, Kat. 213, S. 398.

77 Dazu auch Gutscher/Villiger, Nelke, Taf. 3, S. 183–197.

78 Walbourg, Eglise Sainte-Walbourge, Ancienne Abbatiale, 1461, siehe Herold/Gatouillat, Corpus vitrearum, S. 248–252; Roth, Bilder, S. 32, Abb. 5., oder die Glasmalereien in Ulm der Strassburger Werkstattgemeinschaft, um 1470/80, Roth, Bilder, S. 75.

## These 1: Zuschreibung an die Werkstatt von Hans Heinrich Tiefental (Tieffenthal)

Damit verlassen wir den Boden des wissenschaftlichen Befunds, um aufzuzeigen, in welche Richtung weitere Forschungen gehen müssten. Nachdem die Kunstgeschichte lange Zeit das klare Ziel verfolgte, den anonymen mittelalterlichen Meistern Namen zu geben, dominiert heute zu Recht viel Vorsicht bei Zuschreibungen. Dies hat zur Folge, dass aus dem gesuchten Umkreis und der Generation um 1450 eigentlich nur Konrad Witz (1434–1446) als Malerpersönlichkeit hervortritt. Die in ihrer Zeit ausserordentlich berühmten Hans Hirtz, Hans Stocker oder Hans Tiefental bleiben ohne sichere Werke.[79] Von den Genannten interessiert besonders Hans Tiefental (oder Tieffenthal). Der Maler stammte aus Schlettstadt, hat vermutlich im Burgund seine Ausbildung erfahren, später häufig seinen Arbeitsort gewechselt: Basel, Frankfurt, Schlettstadt, Strassburg, Thann, Metz. Er muss in seiner Zeit höchstes Ansehen genossen haben, kein erhaltenes Werk ist ihm jedoch sicher zuzuschreiben.[80] Nach Basel kam er für einen grossen Auftrag, die Ausmalung der «Elenden Kreuz Herberge». Sie sollte dem Vorbild der Kartause in Dijon folgen, wozu viele Details geregelt wurden, darunter die Bestimmung, dass das Gewölbe mit «guldin erhabenen sternen» zu verzieren sei.[81] 1420 erhielt Hans Tiefental in Basel das Bürgerrecht,[82] 1433 leitete er eine grössere Werkstatt in Strassburg; ein Mitarbeiter war der ab 1438 erwähnte Jost Haller, dessen Werke ihrem Charakter nach mit Sarnen vergleichbar sind.[83]

Wie oben zusammengefasst, muss der gesuchte Maler im Umfeld der Strassburger Malerei der Jahrhundertmitte gesucht werden. Und da passt es vorzüglich, dass 1471 ein Maler Heinrich von Tiefental (Tufental) in Bremgarten belegt ist.[84] Er war – zusammen mit dem Zürcher Maler Hans Zeiner[85] und einem «maler von Offenburg, der die tafel uff den altar gemacht hatt» – Mitglied der dortigen Liebfrauenbruderschaft, die für die Ausmalung der 1460 fertiggestellten Mutter-

79 Suckale/Recht, Peintres, S. 59 f.
80 Zusammenfassung der Forschung in Morath-Fromm, Tieffenthal, S. 171 f.
81 Rott, Quellen III/2, S. 9.
82 Siehe zu ihm Borchert, Van Eyck, S. 107, Abb. 110–112.
83 Lorentz, Haller, S. 80–124.
84 Stadtarchiv Bremgarten, sog. Fischbuch, Nr. 25, fol. 98, 1471: «Heinrich von Tufental, der maler», siehe Rott, Quellen III/2, S. 150.
85 Siehe zu Zeiner Gerster, Zeiner.

**ABB. 37:** Die Wandmalereien in der Muttergotteskapelle in Bremgarten stammen von etwa 1460. Aufgrund ihres Erhaltungszustandes sind sie stilistisch nur beschränkt mit den Gemälden in Sarnen zu vergleichen. Ausschnitt des Zyklus zum Marienleben an der Nordwand (Foto: Daniel Gutscher).

gotteskapelle verantwortlich war (Abb. 37).[86] Die Familienverhältnisse der Malerdynastie sind ungeklärt, doch müssen mehrere Generationen der Tiefentals in der Gegend tätig gewesen sein. So ist ab 1480 die Werkstatt eines Malers Hans Heinrich in Aarau belegt.[87] Wenn die These stimmt, hätte Hans Heinrich in der Werkstatt des überaus berühmten Hans – seines Vaters oder Onkels? – gelernt und dessen Vorlagenschatz geerbt.

86 Felder, Bremgarten, S. 87. Die Wandmalereien sind schlecht erhalten. Felder vermutet die Hand von vier verschiedenen Malern. Zitat nach Felder, Bremgarten, S. 87.

87 Rott, Quellen III/2, S. 145.

# Eine Argumentationskette zur möglichen Überlieferung

Gemäss der Publikation von Dominik Sauerländer zur Reformationsgeschichte in den Freien Ämtern[88] scheint es fast unmöglich, dass ein mittelalterliches Altarwerk aus diesem Raum überlebt hat, weil das Ausräumen der Kirchen und das Verbrennen der «Götzen» den nach aussen sichtbaren Akt des Übertritts zum neuen Glauben darstellte.[89] Wenn im Folgenden versucht wird, die Geschichte der zwei diskutierten Ensembles zu rekonstruieren, muss dies in hohem Masse hypothetisch bleiben.

## These 2: Der Dreikönigsaltar stammt aus dem Kloster Hermetschwil

Nach der Verlegung des Nonnenkonvents von Muri nach Hermetschwil diente das bereits bestehende Gotteshaus ebenso als Pfarr- wie als Klosterkirche.[90] 1398 wird der Frauenchor erneuert[91] und gemäss einer späteren Notiz folgenden Heiligen geweiht: «in der ehr unser lieben frauwen, der heiligen dri köngen, s. Christoffers, s. Benedicten, s. Marien Magdalenen, s. Thoratheen und s. Barbaren [...].»[92]

Die Übereinstimmung der erwähnten Patrozinien und der auf dem Dreikönigsaltar gezeigten Heiligen ist frappant.[93] Auch Alban Stöckli begründete die Herkunft des Altars aus Rheinfelden mit der Ikonografie der Heiligen, doch passen diese weit weniger gut zusammen.[94] Sein Hauptargument gewann Stöckli jedoch aus einem Eintrag im Jahrzeitbuch von Hermetschwil vom 13. August 1662, die von einer Stiftung Jörg Immlers berichtet. Immler war Chor- und Pfarrherr in Rheinfelden gewesen und habe dem Kloster neben 50 Gulden und anderen Guttaten «die gemahlten Taffeln an der nuwen Orgel verehrt».[95] Beim Heranrücken der Schwe-

88 Sauerländer, Reformation.
89 Ebd., S. 54.
90 Felder, Bremgarten, S. 227.
91 Kläui, Urkunden, S. 22, Nr. 34.
92 StAAG, AA/ 4563, fol. 10v.
93 Rainer Hugener hat mich auf diese Übereinstimmung und die Möglichkeit einer Herkunft aus Hermetschwil aufmerksam gemacht. Dafür danke ich ihm herzlich.
94 Stöckli, Herkunft, S. 116 f.
95 Zitiert nach ebd., S. 116.

den auf Rheinfelden habe er 1634 die «wertvollsten Gegenstände der Kirche und die Wertschriften nach Baden und Olten in Sicherheit» gebracht und später nach Hermetschwil überführt, von wo sie später mit Ausnahme der Predella nach Muri gelangten. Die mechanischen Beschädigungen an der Predella will Stöckli auf die «Säbel» der Schweden zurückführen.[96]

Die von der Forschung bereitwillig aufgenommene Rheinfelder These wirft zahlreiche Fragen auf: Warum zeigt nur die Predella solche Schäden? Wie soll man sich vorstellen, dass der nach gewissen Schriftquellen panisch handelnde Immler die grossen Tafeln versteckt und später transportiert hat? Warum wurde beim späteren Transfer nach Muri einzig die Predella in der Kirche belassen? Welche Argumente sprechen für Stöcklis Behauptung, dass es sich bei den 1662 vergabten Tafeln «bei der neuen Orgel» um das grosse, vorreformatorische Retabel gehandelt hat?

Von Stöcklis These übernehme ich wie oben begründet die Zugehörigkeit der Predella zum Dreikönigsaltar.[97] Ich setze aber seiner Geschichte von der Herkunft aus Rheinfelden meine Vermutung einer Herstellung des Retabels für den Chor des Frauenklosters Hermetschwil entgegen. Das Hauptargument stellen – wie erwähnt – die auftretenden Heiligen dar, die bei korrekter Hängung der Altarflügel, in der Chorweihe sogar in der dargestellten Reihenfolge genannt werden. Der zusätzlich dargestellte Martin hatte grosse Bedeutung in Hermetschwil und wurde 1604 zum Patron der neuen Klosterkirche gewählt. An der Bestimmung des heiligen Mönchs als Benedikt von Nursia möchte ich trotz weissem Untergewand festhalten, dies auch deshalb, weil er bereits in der frühesten Erwähnung der Tafel durch Pater Leodegar Kretz 1841 so benannt wurde.[98]

Wer könnte um 1460/70 in Hermetschwil für den teuren Auftrag verantwortlich gewesen sein? Im 15. Jahrhundert waren die Meisterinnen meist gut situierte Stadtbürgerinnen, die von der Klosterpfründe lebten, in die sie ihre Väter beim Eintritt eingekauft hatten. Sie waren nicht an die Klausur gebunden, besassen eigenes Vermögen, Möbel und Fahrhabe.[99] In der fraglichen Zeit rückt deshalb die Meisterin Sophie Schwarzmurer ins Blickfeld, die dem Kloster von 1463 bis 1486 vor-

96 Alles nach ebd.

97 Ihr widersprechen ebenso Germann, Muri, Anm. 4, S. 440 f., wie auch Felder, Bremgarten, S. 255, Anm. 2.

98 Wenn der Maler nach einer grafischen Vorlage arbeitete, wäre es denkbar, dass in der Werkstatt keine gemalte Version bekannt war und dem Maler dieser Fehler passierte.

99 Dubler, Klosterherrschaft, S. 49 f.; Dubler, Hermetschwil, S. 1815.

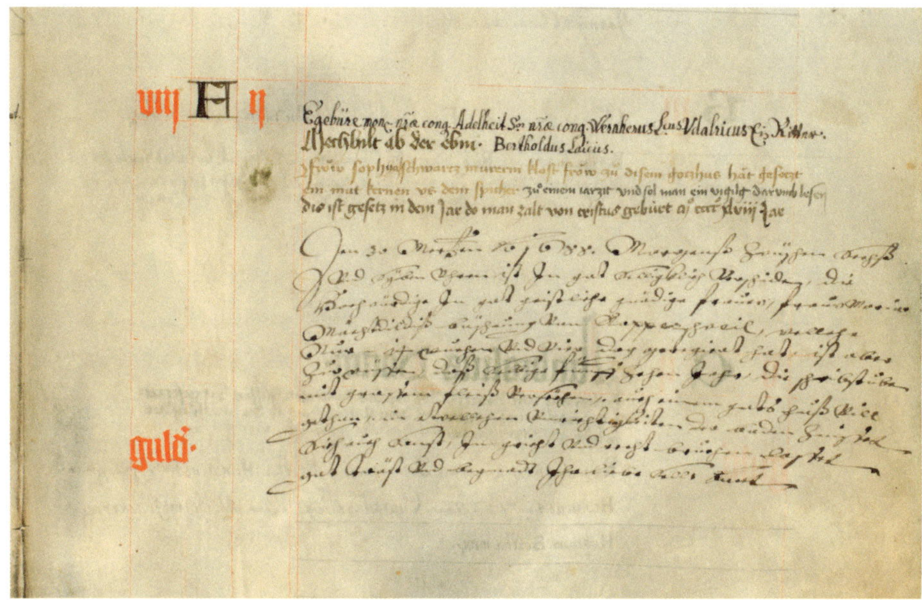

**ABB. 38:** Im Hermetschwiler Jahrzeitbuch ist zum 31. März der Name von Schwester Sophie Schwarzmurer überliefert. Die Notiz wird nachträglich von zwei weiteren Händen ergänzt: dass es sich um eine Jahrzeit mit der Lesung einer Virgil handle und dass dies im Jahr 1448 festgelegt worden sei (StAAG, AA/4533, fol. 16r, www.e-codices.ch).

stand.[100] Sophies Amtszeit wird bisher nur durch wenige Schriftstücke erhellt,[101] und es gibt keine Angaben zum Zeitpunkt ihres Todes.

Der früheste Hinweis findet sich im 1441 angelegten Jahrzeitbuch des Klosters Hermetschwil. Für das Jahr 1448 ist dort zum 31. März vermerkt: «Frouw Sophya Schwartzmurerin klosterfrouw zuo disem gotzhus hat gesetzt ein müt kernen us dem spicher [von anderer Hand:] zuo einem jarzit und sol man ein vigilg darumb lesen [von nochmals anderer Hand:] dis ist gesetz in dem jar do man zalt von Cristus geburt m cccc xlviii jar» (Abb. 38).[102] Sechs Jahre später belegt eine Hand-

100 Dubler, Hermetschwil, S. 1833.

101 1463 sitzt der Ammann von Hermetschwil in ihrem Namen dem Zwinggericht zu Rottenschwil vor, 1486 siegelt sie selbst einen Lehenvertrag um Hof und Fähre Stad bei Hermetschwil. StAAG, AA/4561, 29; Kläui, Urkunden Hermetschwil, Nr. 77, 1463, S. 54 f.; Merz, Urkunden Bremgarten, Nr. 533, 1486, S. 175; Dubler, Hermetschwil, S. 1833.

102 StAAG, AA/4533, fol. 16r, www.e-codices.unifr.ch/de/saa/AA4533. Freundliche Mitteilung von Rainer Hugener, dem ich herzlich dafür danke.

schrift ihre Tätigkeit als Schreiberin. Es handelt sich um die in Nonnenklöstern verbreitete Erbauungsschrift der «Vierundzwanzig Alten» des Otto von Passau.[103] Interessant in unserem Zusammenhang ist die Bemerkung im Kollophon, dieses Buch sei «durch die ersamen und geistlichen frowen fro Sophyen Swartzmurerin closterfrow ze Hermanschwil geschriben und gemachet und ist in irem [korrigiert zu: mit in irem] kosten volb[rach]t».[104]

Sophie Schwarzmurer stammte aus einem angesehenen und ausserordentlich reichen Zürcher Ratsherrengeschlecht.[105] Ihr Grossvater, der Apotheker und Spezierer Konrad, hat das grosse Vermögen der Familie begründet, ihr Vater Ital Schwarzmurer (belegt von 1384 bis 1428) den Aufstieg der Familie weiter gefördert und ihr zwischen 1425 und seinem Tod 1479 in Zürich nachgewiesener Bruder Jakob der Ältere stieg schliesslich in die höchsten Ämter der Stadt auf.[106] Der 1468 erstmals in Zürich belegte und mehrfach als Stifter von Wandgemälden auftretende Felix Schwarzmurer war Sophies Neffe.[107]

Hat also die Familie Schwarzmurer oder gar Sophie selbst den Auftrag für ein neues Retabel auf dem Hochaltar in der Vorgängerkirche des Klosters Hermetschwil erteilt?[108] Da – wie häufig bei mittelalterlichen Stiftungen – auf dem Retabel persönliche Kennzeichen der Familie fehlen, muss die Frage offenbleiben.

**103** StAAG, AG 2.38, Otto von Passau, 1454, Die vierundzwanzig Alten, fol. 279v. Siehe Wiederkehr, Lesen, S. 29–31, Abb. 14 und 15; Bretscher-Gisiger/Gamper, Katalog, S. 87. Zu Otto von Passau siehe Schnyder, Otto von Passau.

**104** StAAG, A 2.38, fol. 279v. Siehe Wiederkehr, Lesen, S. 29–31, Abb. 14 und 15.

**105** Die Familienverhältnisse konnten dank den Forschungen von Stefan Frey geklärt werden. So ist Sophie in einer Urkunde vom 24. 6. 1458 als Tochter von Ital Schwarzmurer und als Klosterfrau in Hermetschwil genannt. Ihre Brüder sind Jakob d. Ä. und Jakob d. J., siehe Sieber, Urkundenregesten 7, Nr. 10324, sowie Nabholz/Hauser, Steuergesetzgebung, S. 449. Dazu Frey, Junker, S. 19 f. Ich danke Stefan Frey herzlich für die zusätzlichen Angaben zur Familie Schwarzmurer.

**106** Er war langjähriger Bürgermeister von Zürich und mehrfacher Tagsatzungsgesandter. Zur Familie siehe Lassner, Schwarzmurer, Jakob, sowie Frey, Junker, S. 19 f., S. 27, 35, 37, 45, 116.

**107** Lassner: Schwarzmurer, Felix. Felix Schwarzmurer hat als Vogt der Kyburg 1488 in der Kirche Pfäffikon (ZH) und – wohl in denselben Jahren – auch in Illnau (ZH) Wandmalereien gestiftet: Frey, Junker, S. 137, Abb. 99. Zu Illnau siehe Wüthrich, Wandgemälde, S. 199 f.

**108** Der Chor dürfte aus topografischen Gründen etwa dieselben Masse gehabt haben wie derjenige des Neubaus ab 1604, und der Dreikönigsaltar hätte grössenmässig gut gepasst; Felder, Bremgarten, Abb. 231, S. 233.

## These 3: Ein Marienaltar für die Pfarrkirche in Bremgarten

Wieder war es Alban Stöckli, der 1931 nachzuweisen versuchte, dass alle anderen in Sarnen erhaltenen Gemälde aus Bremgarten stammen würden.[109] Seine Theorie wird von Peter Felder 1967 in Bausch und Bogen verworfen: Kein einziges Altarwerk aus Bremgarten sei erhalten geblieben.[110] Die Argumente, die gegen Felders ernüchterndes Fazit sprechen, werden deshalb mit aller Vorsicht zu einer dritten These zusammengefasst. 1467 wird als einer von mindestens acht Altären in der Stadtkirche Bremgarten ein Marienaltar genannt.[111] Er war Teil der sogenannten Bullinger-Pfründe von 1460, gestiftet von Konrad Bullinger und seiner Ehefrau Anna.[112] Die Einrichtung der Stiftung organisierte sein Bruder, der Priester Ulrich Bullinger, nach dem Tode Konrads im Jahr 1467. Sie betraf den der Muttergottes und verschiedenen Heiligen geweihten Altar «unter dem Schwibbogen» und umfasste ebenso die Bezahlung eines Kaplans wie auch die Stiftung aller «Rüstung und Zierde mit gewirkten Voraltären, und was zu dem Altar gehört; item Kelch, Meßgewänder von Sammet, Damast und Seide, und anderes dergleichen viel mehr».[113] Auch wenn klare Hinweise fehlen, ist es doch verlockend, die erhaltenen Retabelflügel als Teil dieses Auftrages anzusehen.[114]

## These 4: Die Rettung der Gemälde

In Weiterführung der obigen Überlegungen soll hier ein Ansatz gezeigt werden, das Überleben der beiden untersuchten und der weiteren spätgotischen Retabel in Sarnen zu erklären. Versuche, liturgische Gegenstände des vorreformatorischen Glaubens vor dem Bildersturm zu retten, sind mehrfach belegt. Von einem Missgeschick berichtet ein bernisches Amtsschreiben vom 5. Dezember 1532: Ein Kaufmann transportierte Lebensmittel von Basel nach Baden. Ein Fass sollte bereits in

109 Stöckli, Altartafeln, S. 267 f.
110 Felder, Bremgarten, S. 44, Anm. 1.
111 Aarg. Urkunden VIII, S. 152, Nr. 453, Felder, Bremgarten, S. 43.
112 Nüscheler, Gotteshäuser, S. 88 f.
113 Der Reformator Heinrich Bullinger hat eine durch zuverlässige Abschriften erhaltene «Familiengeschichte» verfasst. Siehe dazu Pestalozzi, Bullinger, S. 1–82; Stettler, Familiengeschichte.
114 Auf dem Schild der Säule im Geburtsbild sind schwache Spuren eines Allianzwappens mit angedeuteten Helmzieren zu sehen. Die Wappen wurden aber entweder nicht ausgeführt oder übermalt.

Bremgarten abgeladen werden, wobei dieses auseinanderbrach und die Ladung aus «altter geschnetzer götzen bilder und gemäld» zutage trat.[115] Die grosse Anzahl der Gegenstände und die mögliche Herkunft aus Basel lassen vermuten, dass diese dort gesammelt und über Jahre versteckt worden waren.

Eine ähnliche Geschichte müsste für die in Sarnen erhaltene Gemäldesammlung gefunden werden. Darin könnten zwei Schlüsselpersonen eine Rolle gespielt haben. Die erste ist der Bremgartner Leutpriester Heinrich Bullinger, der Vater des Reformators gleichen Namens.[116] Er verkehrte mit wichtigen Personen der Eidgenossenschaft und pflegte ein geselliges Leben. Da er sich aber zur Reformation bekannte, wurde er als Stadtpfarrer in Bremgarten abgesetzt und durfte erst 1530 durch die Intervention Zürichs in Hermetschwil wieder tätig sein.

Als zweiter Name müsste der des einflussreichen und langjährigen Abts von Muri, Laurenz von Heidegg, genannt werden. Er hatte dieses Amt von 1508 bis zu seinem Tod 1549 inne.[117] Die beiden befreundeten Männer verband viel – ausser ihrer abweichenden Haltung gegenüber der Reformation.

Das Frauenkloster in Hermetschwil machte 1529 schwere Zeiten durch. Erzürnte Bauern stürmten ins Kloster. Mehrere Frauen waren bereits ausgetreten, der Konvent umfasste nur noch zwei Mitglieder.[118] 1530 entschied sich die Gemeinde für die Reformation, doch sollten die Rechte des Klosters respektiert werden.[119] Der reformatorisch gesinnte Heinrich Bullinger predigte in der Klosterkirche, die gleichzeitig als Pfarrkirche diente. Die Meisterin Anna von Efringen (1523–1541) hatte ihm gegenüber einen schweren Stand, musste ihm gar einmal die Türe weisen.[120] Es ist nicht anders denkbar, als dass der Dreikönigsaltar bereits vorher aus der Klosterkirche entfernt worden war. Lediglich die in den Unterbau des Retabels eingebaute Predella hätte man an Ort belassen – weshalb sie 1529 beim Sturm der Bauern stark beschädigt wurde.

In Bremgarten fiel am 26. April 1529 der Entscheid für die Reformation, und die Altäre und Bilder wurden aus der Pfarrkirche entfernt und später öffentlich verbrannt.[121] Wäre es nicht denkbar, dass sich Heinrich Bullinger trotz seiner reformierten Gesinnung zwar für die Räumung der Kirche, aber den Erhalt des Re-

**115** Zitiert bei Felder, Bremgarten, S. 44, Anm. 1.
**116** Wohler, Bullinger.
**117** Zu ihm Gamper/Niederhäuser, Laurenz.
**118** Dubler, Hermetschwil, S. 1816.
**119** Gamper/Niederhäuser, Laurenz, S. 48.
**120** Dubler, Hermetschwil, S. 1835.
**121** Sauerländer, Reformation, S. 42.

tabels eingesetzt hat? Dies mit der Begründung, dass es sich beim Marienaltar der Pfarrkirche um eine rund 50 Jahre früher erfolgte Stiftung seiner Familie handelte. Jedenfalls beschrieb noch sein Sohn, der Reformator Heinrich Bullinger, im Detail den Umfang der einstigen Familienstiftung.[122] Und wie ein in seinem Auftrag entstandener Scheibenriss von Hans Leu d. J. aus dem Jahr 1530 zeigt, war Bullinger nicht grundsätzlich bilderfeindlich eingestellt.[123]

Im weiteren Verlauf der Geschichte müsste Laurenz von Heidegg eine aktive Rolle gespielt haben. Die Stadt Bremgarten stand in diesen Jahren immer wieder im Brennpunkt der Auseinandersetzungen,[124] aber es gab einen sicheren Rückzugsort: den mächtigen Amtshof des Klosters Muri in der Oberstadt (Abb. 39).[125] Vielleicht hat es der kunstsinnige Abt Laurenz von Heidegg übernommen, die Altartafeln aus dem nahe gelegenen Hermetschwil und der Stadtkirche bis auf Weiteres aufzubewahren. Hier hatten die Neugläubigen nichts zu sagen und die Gemälde waren bis zum Neubau des Amtshofs ab 1546 in Sicherheit.[126]

122 Pestalozzi, Bullinger, S. 1–82; Stettler, Familiengeschichte.
123 Gerster, Nelkenmeister, Abb. 151, S. 262.
124 Sauerländer, Reformation, S. 53.
125 Diese Vermutung geht wiederum auf Alban Stöckli zurück: Stöckli, Altartafeln, S. 268. Zum Freihof siehe Felder, Bremgarten, S. 140–143.
126 Sauerländer, Reformation, S. 56.

**ABB. 39:** In der Chronik von Werner Schodoler, um 1514, ist die älteste Ansicht Bremgartens von Westen überliefert. Der repäsentative Amtshof des Klosters Muri in der Oberstadt ist am Stufengiebel vor dem sogenannten Spittelturm zu erkennen (Stadtarchiv Bremgarten, Bücherarchiv Nr. 2, Werner Schodoler, Eidgenössische Chronik, Bd. 2, fol. 65v, www.e-codices.ch).

# Fazit: So könnte es gewesen sein …

Die zwei im Benediktinerkollegium Sarnen erhaltenen Retabel stammen aus der Zeit um 1460/70. Sie wurden – wie auch die noch immer in Hermetschwil aufbewahrte Predella des Dreikönigsaltars – in derselben stark von oberrheinischen Vorbildern der Zeit um 1460 geprägten Werkstatt hergestellt. Vielleicht hatte ein Nachkomme des berühmten oberrheinischen Malers Hans (Heinrich) Tiefental (um 1390–1472) deren Leitung inne. Der Name der Malerfamilie ist 1471 in Bremgarten und ab 1480 in Aarau belegt.

Der Dreikönigsaltar ist während der Amtszeit der Hermetschwiler Meisterin Sophie Schwarzmurer entstanden – möglicherweise in ihrem oder im Auftrag ihrer reichen Stadtzürcher Familie. Er nimmt in seiner Ikonografie genau diejenigen Heiligen auf, denen der Chor der Hermetschwiler Klosterkirche bereits im späten 14. Jahrhundert geweiht war. Mit grosser Sicherheit kann deshalb die bisher angenommene Herkunft des Dreikönigsaltars aus Rheinfelden ausgeschlossen werden.

1467, also in der Zeit, als die beiden Sarner Retabel entstanden, stiftete die ebenfalls sehr begüterte Bremgarter Familie Bullinger eine Pfründe in die dortige Pfarrkiche. Sie betraf unter anderem die Stiftung eines Marienaltars, von dem möglicherweise die Flügel sichergestellt werden konnten, als sich Bremgarten in den Jahren 1529/30 «zwischen den Fronten»[127] befand. Zur Aufbewahrung der Ensembles bot sich der Amtshof des Klosters Muri in Bremgarten an. Bei dessen Neubau ab 1546 müsste Abt Laurenz von Heidegg die Gemälde als Einzeltafeln ins Kloster Muri überführt haben. Es gibt keine Hinweise darauf, dass sie je wieder als liturgisches Altarretabel dienten. Gingen sie vielleicht auch im Kloster Muri vergessen, bis der kunstsinnige Pater Kretz sie Anfang des 19. Jahrhunderts wieder zutage förderte und 1841, vor der Überführung nach Sarnen, kurzerhand zu seinem privaten Eigentum erklärte?

Vielleicht können zukünftige Forschungen zu den weiteren im Benediktinerkollegium erhaltenen Gemälden die hier vorgestellten Thesen erhärten oder korrigieren. Bis dahin sollen sie zum Weiterdenken anregen, ob es so oder anders gewesen sein könnte.

127 Ebd., S. 51.

# Bibliografie


## Ungedruckte Quellen

*Stiftsarchiv Muri-Gries, Benediktinerkollegium Sarnen, Sarnen*
*(StiAMG Sarnen, Depot im Staatsarchiv Obwalden, Sarnen)*

Altes Archiv 1, Supplementum X.55, P. Leodegar Kretz, Katalog des Kunstkabinetts des Klosters Muri, 1841

N.636.2.1, Nachlass P. Leodegar Kretz, Eingegangene Briefe von diversen Korrespondenzpartnern, 1841–1871

K1.0.7.2, Bibliothek, 1841–1986

K3.0.9.12, Professorenheim, Dreikönigsbild beim Altar: Fotos, ca. 1950–ca. 1970

*Staatsarchiv des Kantons Aargau, Aarau (StAAG)*

AA/4533, Jahrzeitbuch des Klosters Hermetschwil, 1441, www.e-codices.unifr.ch/de/list/one/saa/AA4533

AA/4561, Sammlung und Abschriften von verschiedenen Dokumenten aus dem Kloster Hermetschwil, 1693

AA/4563, Sammlung und Abschriften von verschiedenen Dokumenten aus dem Kloster Hermetschwil, ca. 1650–ca. 1700

A 2.38, Otto von Passau, Die vierundzwanzig Alten, 1454

*Stadtarchiv Bremgarten*

Fischbuch, Nr. 25, fol. 98, 1471.

## Gedruckte Quellen

Kläui, Paul (Bearb.): Die Urkunden des Klosterarchivs Hermetschwil, Aarau 1946 (Aargauer Urkunden 11).

Merz, Walther (Bearb.): Die Urkunden des Stadtarchivs Bremgarten bis 1500, Aarau 1938 (Aargauer Urkunden 8).

Nabholz, Hans; Hauser, Edwin (Bearb.): Steuergesetzgebung von 1401–1470; Steuerrödel von 1401–1450. Mit einem Stadtplan, Zürich 1939 (Die Steuerbücher von Stadt und Landschaft Zürich des XIV. und XV. Jahrhunderts 2).

Sieber, Christian (Bearb.): Urkundenregesten des Staatsarchivs des Kantons Zürich, Bd. 7: 1446–1460, Zürich 2007, https://archives-quickaccess.ch/attachments/URStAZH_Band_7_1446_1460.pdf.

## Literatur

Appuhn, Horst: Das Monogramm des Meisters E. S. und die Pilgerfahrt nach Einsiedeln, in: Zeitschrift für schweizerische Archäologie und Kunstgeschichte 45, 1988, S. 301–314.

Appuhn, Horst: Meister ES. Alle 350 Kupferstiche, Dortmund 1989.

Beckerath, Astrid; Nay, Marc Antoni; Rutishauser, Hans (Hg.): Spätgotische Flügelaltäre in Graubünden und im Fürstentum Liechtenstein, Chur 1998.

Borchert, Till-Holger (Hg.): Van Eyck bis Dürer. Altniederländische Meister und die Malerei in Mitteleuropa 1430–1530, Ausstellungskatalog, Brügge 2011.

Breisig, Eva Maria: Die Vermittlung des neuen Stils. Zur Funktion von Druckgrafik und Zeichnung in der Zeit Niclaus Gerhaerts, in: Roller, Niclaus Gerhaert, S. 135–149.

Bretscher-Gisiger, Charlotte; Gamper, Rudolf: Katalog der mittelalterlichen Handschriften der Klöster Muri und Hermetschwil, Dietikon/Zürich 2005.

Der hübsche Martin. Kupferstiche und Zeichnungen von Martin Schongauer. Ausstellung Unterlinden Museum Colmar, 13. Sept. bis 1. Dez. 1991, Strassburg 1991.

Heck, Christian; Moench-Scherer, Esther (Hg.): Catalogue général des peintures du Musée d'Unterlinden, Colmar 1990.

Herold, Michel; Gatouillat, Françoise: Corpus vitrearum. Les Vitraux de Lorraine et d'Alsace (Inventaire général des monuments et des richesses artistique de la France, Bd. V), Paris 1994.

Dubler, Anne-Marie: Die Klosterherrschaft Hermetschwil von den Anfängen bis 1798, Aarau 1968 (Argovia 80).

Dubler, Anne-Marie: Hermetschwil, in: Helvetia Sacra. Die Orden mit Benediktinerregel, Bd. 1, 3. Teil: Frühe Klöster der Benediktinerinnen in der Schweiz, Bern 1986, S. 1814–1847.

Durrer, Robert: Die Kunstdenkmäler des Kantons Unterwalden (1899–1928), unveränderter Nachdruck, Basel 1971 [Erstauflage 1929].

Eugster, Erwin: Johann Schwarzmurer, in: Historisches Lexikon der Schweiz, Version vom 25. 8. 2010, https://hls-dhs-dss.ch/de/articles/028644/2010-08-25, 12. 11. 2023.

Felder, Peter: Die Kunstdenkmäler des Kantons Aargau, Bd. IV: Der Bezirk Bremgarten, Basel 1967.

Frey, Stefan: Fromme feste Junker. Neuer Stadtadel im spätmittelalterlichen Zürich, Zürich 2017 (Mitteilungen der Antiquarischen Gesellschaft in Zürich 84).

Gamper, Rudolf; Niederhäuser, Peter: Laurenz von Heidegg. Ein Renaissance-Abt im Zeitalter der Reformation, Zürich 2024 (Murensia 10).

Germann, Georg: Die Kunstdenkmäler des Kantons Aargau, Bd. V: Der Bezirk Muri, Basel 1967.
Gerster, Ulrich: Zeiner, schweiz. Künstlerfamilie, in: De Gruyter. Allgemeines Künstlerlexikon, Bd. 118, Berlin 2023, S. 409.
Gerster, Ulrich: Die Zürcher Nelkenmeister, Zürich 2023.
Grimm, Claus; Konrad, Bernd: Die Fürstenbergsammlungen Donaueschingen. Altdeutsche und schweizerische Malerei des 15. uns 16. Jahrhunderts, München 1990.
Gutscher-Schmid, Charlotte: Nelken statt Namen. Die spätmittelalterlichen Malerwerkstätten der Berner Nelkenmeister, Bern, Singen 2007.
Gutscher-Schmid, Charlotte: Ein verändertes Zeichen: Die Gemäldegruppe mit Nelke und Rispe, in: Gerster, Nelkenmeister, S. 205–221, Kat. 16–21, S. 290–297.
Gutscher-Schmid, Charlotte; Villiger, Verena: Im Zeichen der Nelke. Der Hochaltar der Franziskanerkirche in Freiburg i. Ü., Wabern 1999.
Hugelshofer, Walter: Einige Luzerner Maler im ersten Viertel des 16. Jahrhunderts. Ein Beitrag zur spätgotischen Malerei in der Innerschweiz, in: Der Geschichtsfreund. Mitteilungen des Historischen Vereins der Fünf Orte 83, 1928, S. 76–103.
Köllermann, Antje-Fee: Modelle der Aneignung: Anmerkungen zur Rezeption der Kunst Rogier van der Weydens in Deutschland, in: Borchert, Van Eyck, S. 61–81.
Konrad, Bernd; Stange, Alfred: Die deutschen Tafelbilder vor Dürer. Kritisches Verzeichnis, Bd. 2, mit Abbildungen und Ergänzungen, DVD 2009.
Kretz, P. Leodegar: Katalog des Kunstkabinetts des Klosters Muri, 1841, in: SiAMG Sarnen, Altes Archiv 1, Supplementum X.55.
Kunstmuseum Basel (Hg.): Konrad Witz. Mit Beiträgen von Bodo Brinkmann, Katharina Georgi, Stephan Kemperdick u. a., Basel 2011.
Lassner, Martin: Felix Schwarzmurer, in: Historisches Lexikon der Schweiz, Version vom 11. 11. 2011, https://hls-dhs-dss.ch/de/articles/018188/2011-11-11, 12. 11. 2023.
Lassner, Martin: Jakob Schwarzmurer, in: Historisches Lexikon der Schweiz, Version vom 25. 5. 2010, https://hls-dhs-dss.ch/de/articles/018101/2010-05-25, 12. 11. 2023.
Lorentz, Philippe: Jost Haller. Le peintre des chevaliers et l'art en Alsace au XV^e^ siècle, Colmar 2001.
Lucas, Jana: Europa in Basel. Das Konzil von Basel (1431–1449) als Laboratorium der Kunst, Basel 2017.
Mischlevski, Adalbert, u. a.: Grundzüge der Geschichte des Antoniterordens bis zum Ausgang des 15. Jahrhunderts, Wien 1976.
Morath-Fromm, Anna: Tieffenthal (Tiefental), in: Beyer, Andreas; Savoy, Bénédite; Tegenthoff, Wolf (Hg.): De Gruyter. Allgemeines Künstler-Lexikon. Die Bildenden Künstler aller Zeiten und Völker, Bd. 109: Thomann–Toron, Berlin, Boston 2020, S. 171 f.
Nüscheler, Arnold: Die Gotteshäuser der Schweiz: historisch antiquarische Forschungen. Bisthum Constanz. Archidiakonat Aargau. Dekanat Cham (Bremgarten), Teil 1: Kanton Aargau und Kanton Zürich, in: Der Geschichtsfreund. Mitteilungen des Historischen Vereins der Fünf Orte 39, 1884, S. 73–144.
Pestalozzi, Friedrich Otto: Aus der Geschichte des Geschlechts der Bullinger von Bremgarten und Zürich, in: Zürcher Taschenbuch auf das Jahr 1930, Zürich 1929, S. 1–82.

Professbuch des Klosters Muri-Gries, www.muri-gries.ch/mediawiki/index.php/Professbuch.

Roth, Michael (Hg.): Bilder aus Licht und Farbe. Meisterwerke spätgotischer Glasmalerei. «Strassburger Fenster» in Ulm und ihr künstlerisches Umfeld. Ausstellung Ulmer Museum, Ulm 1995.

Roller, Stefan (Hg.): Niclaus Gerhaert. Der Bildhauer des späten Mittelalters, Ausstellung in Frankfurt am Main und Strassburg 2012, Petersberg 2012.

Rott, Hans: Quellen und Forschungen zur südwestdeutschen und schweizerischen Kunstgeschichte im XV. und XVI. Jahrhundert, III. Der Oberrhein, 1 Quellen (Baden, Pfalz, Elsass); 2 Quellen (Schweiz), Stuttgart 1936.

Sauerländer, Dominik: Die Reformation in den Freien Ämtern. Beispiel einer gescheiterten Landreformation (Murensia 9), Zürich 2021.

Schiwy, Günther: Birgitta von Schweden. Mystikerin und Visionärin des späten Mittelalters. Eine Biographie, München 2003.

Schnyder, André: Otto von Passau, in: Historisches Lexikon der Schweiz, Version vom 9. 11. 2009, https://hls-dhs-dss.ch/de/articles/014827/2009-11-09, 4. 12. 2023.

Sieber-Lehmann, Claudius: Spätmittelalterlicher Nationalismus. Die Burgunderkriege am Oberrhein und in der Eidgenossenschaft (Veröffentlichungen des Max-Planck-Instituts für Geschichte 116), Göttingen 1995.

Spätmittelalter am Oberrhein. Maler und Werkstätten 1450–1525. Ausstellungskatalog Staatliche Kunsthalle Karlsruhe 2002, Stuttgart 2002.

Stange, Alfred: Deutsche Malerei der Gotik. Oberrhein, Bodensee, Schweiz und Mittelrhein in der Zeit von 1450 bis 1500 (Deutsche Malerei der Gotik, Bd. 7), Berlin 1955.

Stange, Alfred; Lieb, Norbert: Kritisches Verzeichnis der deutschen Tafelbilder vor Dürer, Bd. 2: Oberrhein, Bodensee, Schweiz, Mittelrhein, Ulm, Augsburg, Allgäu, Nördlingen, von der Donau zum Necker, München 1970.

Stettler, Bernhard: Bullingers Familiengeschichte. Edition und Kommentar, in: Zwingliana 42, 2015, S. 1–82.

Stöckli, Alban: Über die Herkunft des Altartafelwerkes im Kollegium Sarnen, in: Anzeiger für Schweizerische Altertumskunde N. F. 32, 1930, S. 114–120.

Stöckli, Alban: Die Sarner Dreikönigsbilder und ihre Beziehungen zu den Schongauern und dem Meister ES, in: Unsere Heimat. Jahresschrift der Historischen Gesellschaft Freiamt 5, 1931, S. 30–46.

Stöckli, Alban: Vier gotische Altartafeln aus Bremgarten, in: Anzeiger für Schweizerische Altertumskunde N. F. 33, 1931, S. 267–278.

Straub, Rolf E.: Tafel- und Tüchleinmalerei des Mittelalters, in: Kühn, Hermann; Roosen-Runge, Heinz; Straub, Rolf E.; Koller, Manfred (Hg.): Reclams Handbuch der künstlerischen Techniken. Farbmittel, Buchmalerei, Tafel- und Leinwandmalerei, Bd. 1, Stuttgart 1984, S. 125–259.

Suckale, Robert; Recht, Roland: Les peintres Hans Stocker et Hans Tiefenthal. L'«ars nova» en Haute Rhénanie au XV[e] siecle, in: Revue de l'Art 120, 1998, S. 58–67.

Villiger, Verena: Hans Fries. Ein Maler an der Zeitenwende, Zürich 2001.

Weber, Sylvia (Hg.): Alte Meister. Der ehemals Fürstlich Fürstenbergische Bilderschatz in der Sammlung Würth, Ausstellungskatalog, Künzelsau 2004.

Wiederkehr, Ruth: Lesen, schreiben, beten, heilen. Die Bibliothek des mittelalterlichen Klosters Hermetschwil, Zürich 2018 (Murensia 6).

Wohler, Anton: Heinrich Bullinger, in: Historisches Lexikon der Schweiz, Version vom 7. 11. 2005, https://hls-dhs-dss.ch/de/articles/042076/2005-11-07, 20. 11. 2023.

Wüthrich, Lucas: Wandgemälde. Von Müstair bis Hodler. Katalog der Sammlung des Schweizerischen Landesmuseums Zürich, Zürich 1980.

Wüthrich, Lucas; Ruoss, Mylène: Katalog der Gemälde. Schweizerisches Landesmuseum Zürich, Zürich 1996.